Reinkarnation

Nachweis und Zusammenhänge
Dynamik und Wirkung

Bücher von Harry Eilenstein:

- Astrologie (496 S.)
- Photo-Astrologie (428 S.)
- Horoskop und Seele (120 S.)
- Tarot (104 S.)
- Handbuch für Zauberlehrlinge (408 S.)
- Physik und Magie (184 S.)
- Der Lebenskraftkörper (230 S.)
- Die Chakren (100 S.)
- Meditation (140 S.)
- Reinkarnation (132 S.)
- Drachenfeuer (124 S.)
- Krafttiere – Tiergöttinnen – Tiertänze (112 S.)
- Schwitzhütten (524 S.)
- Totempfähle (440 S.)
- Muttergöttin und Schamanen (168 S.)
- Göbekli Tepe (472 S.)
- Hathor und Re 1: Götter und Mythen im Alten Ägypten (432 S.)
- Hathor und Re 2: Die altägyptische Religion – Ursprünge, Kult und Magie (396 S.)
- Isis (508 S.)
- Die Entwicklung der indogermanischen Religionen (700 S.)
- Wurzeln und Zweige der indogermanischen Religion (224 S.)
- Der Kessel von Gundestrup (220 S.)
- Der Chiemsee-Kessel (76)
- Cernunnos (690 S.)
- Christus (60 S.)
- Odin (300 S.)
- Die Götter der Germanen (Band 1 – 80)
- Dakini (80 S.)
- Kursus der praktischen Kabbala (150 S.)
- Eltern der Erde (450 S.)
- Blüten des Lebensbaumes 1: Die Struktur des kabbalistischen Lebensbaumes (370 S.)
- Blüten des Lebensbaumes 2: Der kabbalistische Lebensbaum als Forschungshilfsmittel (580 S.)
- Blüten des Lebensbaumes 3: Der kabbalistische Lebensbaum als spirituelle Landkarte (520 S.)
- Über die Freude (100 S.)
- Das Geheimnis des inneren Friedens (252 S.)
- Von innerer Fülle zu äußerem Gedeihen (52 S.)
- Das Beziehungsmandala (52 S.)
- Die Symbolik der Krankheiten (76 S.)

- König Athelstan (104 S.)

Kontakt: www.HarryEilenstein.de / Harry.Eilenstein@web.de

Herstellung und Verlag: BoD - Books on Demand, Norderstedt   **ISBN:** 9783744822916

Inhaltsverzeichnis

A Die Reinkarnation

I Allgemeine Betrachtungen zur Reinkarnation

Die Reinkarnation ist eine weitverbreitete Vorstellungen darüber, was nach dem Tod eines Menschen mit diesem Menschen geschieht. Die Reinkarnation ist ein fester Bestandteil mehrerer Religionen.

Da die Vorstellungen über das, was nach dem Tod mit einem Menschen geschieht, auch große Auswirkungen auf das Verhalten der Menschen während ihres Lebens und auch auf das allgemeine Lebensgefühl der Menschen haben, ist die Frage „Was geschieht nach meinem Tod?" eine der Fragen, die es sich genauer zu untersuchen lohnt.

Um zu einer möglichst großen Sicherheit bei der Beantwortung dieser Frage zu gelangen, ist es sinnvoll, nicht nur einfach die Vorstellungen, die in einer bestimmten Religion vertreten werden, zu glauben, sondern dieses Thema so genau wie möglich zu betrachten und zu prüfen, welche Dinge sich sicher erkennen lassen.

Das Wort „Reinkarnation" bedeutet „wieder (zurück) in einen Körper gelangen".

I 1. Beschreibung der Reinkarnation

Der Kern der Reinkarnations-Lehre läßt sich einfach beschreiben: Man lebt nicht nur einmal. Alles weitere ist jedoch nicht mehr so leicht darzustellen.

Die Verbindung zwischen mehreren Leben in dieser Lehre ist die Seele – die einzelnen Leben sind sozusagen Perlen an dem roten Faden der Seele.

Aus dieser Vorstellung ergibt sich die Frage, was genau denn diese Seele ist, die den Zusammenhalt zwischen mehreren Leben bildet.

Wenn ein Leben auf das andere folgt und es zwischen diesen Leben die Seele als Verbindung gibt, wäre es auch interessant zu wissen, nach welchen Prinzipien sich ein Leben aus dem ihm vorausgehenden Leben ergibt.

Weiterhin wäre es ebenso interessant zu wissen, welche Rolle die Seele bei der Gestaltung des nächsten Lebens spielt, da die Seele offenbar das verbindende Element dieser Folge von Leben ist.

Ein wichtiger Aspekt der Reinkarnation ist es, daß sie einen nicht-materiellen

Zusammenhang zwischen zwei Leben voraussetzt: Es wird keine DNS oder ähnliches von dem verstorbenen Menschen auf seine Wiedergeburt übertragen.

Da dieser nicht-materielle Zusammenhang aber offenbar die Identität des betreffenden Menschen von dem toten Leib seiner geendeten Inkarnation auf ihn als wiedergeborenen Säugling in seiner neuen Inkarantion überträgt, liegt in diesem nichtmateriellen Etwas offenbar die Essenz des betreffenden Menschen.

Da diese Essenz vermutlich nicht nur zwischen dem Tod der letzten Inkarnation und der Geburt der neuen Inkarnation existiert, ist dieses nichtmaterielle Etwas sehr wahrscheinlich auch während eines Lebens der Träger der Identität eines Menschen.

Schon um diese eigene Identität besser erfassen zu können, lohnt es sich zu prüfen, ob sich die Reinkarnation nachweisen läßt und welche konkrete Gestalt das hat, was sich durch diese Prüfung dann hat nachweisen lassen.

I 2.   Das bekannteste Modell der Reinkarnation

Die Vorstellung über die Folge von Wiedergeburten ist hauptsächlich durch die indische und die aus ihr entstandene tibetische Religion geprägt worden.

In diesen beiden Religion wird beschrieben, daß sich die Seele immer wieder neu inkarniert und daß die Art einer jeden Inkarnation von den Taten in dem vorangehenden Leben abhängt.

Die Essenz der vorhergehenden Leben, die das nächste Leben prägt, wird „Karma" genannt.

Das Grundprinzip, das bestimmt, was zu diesem Karma gehört und wie es sich entwickelt, trägt den Namen „Dharma". Man könnte das Dharma als „Weltordnung", „Richtigkeit" oder auch als „Schönheit" oder „spirituellen Erhaltungssatz" bezeichnen. Das Dharma ist sozusagen die Regel, nach der das Karma entsteht – wenn das gesamte Modell tatsächlich die Realität zutreffend beschreibt, wäre es ausgesprochen wünschenswert, dieses Dharma möglichst genau zu kennen.

I 3.   Ergebnisse

Die Antwort auf die Frage, ob es Reinkarnation gibt oder nicht, hat weitreichende Auswirkungen auf das Selbstverständnis der Menschen.

B   Die Grundlagen der Reinkarnations-Theorie

II   Notwendige Voraussetzungen der Reinkarnation

Die Reinkarnation ist ein Weltbild, das nicht-materielle Elemente enthält. Es ist folglich zunächst einmal sinnvoll zu prüfen, ob derartige Elemente in unserer Welt nachgewiesen werden können.

Die Reinkarnation kann nur existieren, wenn es einen nicht-materiellen Zusammenhang zwischen zwei nicht gleichzeitig lebenden Menschen gibt, der diese beiden Leben in einer Weise miteinander verbindet, daß sich der später lebende der beiden Menschen als eine Fortführung des vorher lebenden Menschens erkennen kann.

II 1.   Telepathie

Wenn man selber schon des öfteren Telepathie erlebt hat, ist es offenkundig, daß es in unserer Welt auch nicht-materielle Zusammenhänge gibt.

Damit, daß man sagt, „Ich habe schon oft Telepathie erlebt und ich weiß auch, wie ich sie anwenden kann." kann man jedoch niemand anderem beweisen, daß Telepathie eine Realität ist – es macht einen großen Unterschied, ob man von etwas nur erzählt bekommt oder ob man etwas erlebt. Und das eigene Weltbild sollte auf den eigenen Erfahrungen aufgebaut werden, da es sonst nicht wirklich sicher ist.

Es werden also Versuche benötigt, die leicht durchführbar sind und durch die man erleben kann, daß es Telepathie gibt.

Eine praktische Methode, einer Gruppe von Menschen Telepathie nachzuweisen, ist der „Postkarten-Versuch". Stecken Sie 20 möglichst verschiedene Postkarten in 20 (undurchsichtige) Briefumschläge. Lassen Sie jeweils 4-5 Personen sich zusammensetzten und jede dieser 4-5 Personen ca. 5 Minuten in den verschlossenen Umschlag, der in der Mitte von ihnen auf dem Tisch liegt, „hineinspüren". Dann schreibt jeder seine Wahrnehmungen auf.

Als nächstes vergleichen alle ihre Wahrnehmungen und schreiben auf einen weiteren Zettel all die Wahrnehmungen, die mindestens zweimal vorgekommen sind. Auf diese Weise werden die allermeisten „Fehl-Wahrnehmungen", die nur auf eigenen

Assoziationen u.ä. beruht haben, ausgesondert.

Dann werden die Mehrfach-Wahrnehmungen zu einer Beschreibung zusammengefaßt, wobei die Wahrnehmungen, die am häufigsten vorkommen, das „Gerüst" für die übrigen Wahrnehmungen bilden.

Diese Methode ist sehr zuverlässig.

Eine Alltags-Form der Telepathie kennt fast jeder: das mulmige Gefühl, das einen überkommt, wenn man von jemandem, der hinter einem steht, angestarrt wird.

Für dieses Gefühl ist die Evolution verantwortlich: Es war für die Menschen in der Steinzeit überlebensnotwendig, daß sie rechtzeitig gespürt haben, wenn sich von hinten her der hungrige Tiger an sie angeschlichen hat …

Diese Möglichkeit der telepathischen Wahrnehmung läßt sich auch üben, mit anderen Methoden verbinden und im Alltag verankern.

So bin ich z.B. einmal mit dem Rad zu Freunden gefahren, die gerade umgezogen waren. Dabei hat sich eine Schraube an meinem Hinterrad gelockert, die ich für die Rückfahrt wieder festschrauben mußte.

Aufgrund des Umzuges wußte allerdings niemand, wo man nach einem solchen Schraubenschlüssel suchen könnte. Da meldete sich in mir mein Krafttier und lenkte meinen Blick auf eine bestimmte Schublade des Wohnzimmerschrankes. Als ich dann gefragt habe, ob ich mal in diese Schublade schauen dürfe, habe ich dort den benötigten Schraubenschlüssel gefunden.

Telepathie ist also eine ausgesprochen alltagstaugliche und lebenserleichternde Fähigkeit.

Es sind auch anspruchsvollere Anwendungen möglich wie z.B. das „in einen anderen Menschen hineinspüren", das soweit ausgebaut werden kann, daß man das eigene Bewußtsein in den anderen hineinversetzen und ihn dann von innen her betrachten kann.

Diese Möglichkeit ist bei Heilungen und in der Therapie ein sehr praktisches Hilfsmittel.

II 2. Telekinese

Telepathie läßt sich mit Symmetrien, Analogien, Gleichzeitigkeiten und ähnlichem erklären, da es bei der Telepathie nur um Informationen geht – allerdings müßten das sehr komplexe Gleichzeitigkeiten sein. Ein Modell, bei dem eine „Bewußtseins-Substanz" ausgesendet wird, wäre ebenfalls denkbar – eine solche Substanz wird meistens „Lebenskraft" genannt.

Es stellt sich die Frage, was genau eigentlich bei der Telepathie geschieht: Handelt es sich bei ihr um eine Analogie? Wird bei ihr eine Substanz („Lebenskraft") übertragen? Wirken dabei die Engel mit? Oder vielleicht die Krafttiere? ... Es lassen sich viele Modelle entwerfen, mit deren Hilfe man die Telepathie beschreiben könnte.

In der Forschung hat es sich bewährt, stets das einfachste und eleganteste Modell, das am wenigsten zusätzliche Annahmen erfordert, als Arbeitshypothese zu benutzen.

Um dieses Modell formulieren zu können, ist es sinnvoll, möglichst viele Phänomene zur Verfügung zu haben, die durch dieses Modell erklärt werden müssen.

Daher liegt es nahe, zunächst die Telekinese zu der Telepathie hinzuzunehmen.

Es gibt einen einfachen Versuch, den man jederzeit durchführen und daher auch vorführen kann. Im Internet können Sie mehrere Videos dieses Versuchs finden, wenn Sie nach „youtube Telekinese" suchen.

Der Versuch besteht darin, daß man ein gefaltetes Stückchen Papier so auf eine Nadelspitze hängt, daß das Papier nicht herunterfällt und sich fast reibungsfrei drehen kann. Dann hält man seine rechte Hand rechts neben das Papier, woraufhin sich das Papier nach einer Weile gegen den Uhrzeigersinn zu drehen beginnt. Hält man seine linke Hand links neben das Papier, dreht sich das Papier im Uhrzeigersinn. Das Papierrädchen dreht sich also von der Handwurzel zu den Fingerspitzen hin vor der Hand entlang.

Wie man im Shiatsu und allgemein in der traditionellen chinesischen Medizin lernen kann, fließt das Chi, also die Lebenskraft, am Innenarm über die Handfläche zu den Fingern hin und von dort aus über den Handrücken und den Außenarm wieder zum Körper zurück. Da nun alle Dinge (nicht nur der chinesischen Medizin zufolge) mehr oder weniger viel Lebenskraft enthalten, berührt dieser Lebenskraftfluß in der Hand und um die Hand herum („Aura") auch die Lebenskraft des Papiers und dreht sie mit.

Bezeichnenderweise ist die Drehgeschwindigkeit des Papiers unabhängig davon, ob man die rechte oder die linke Hand benutzt, und auch davon, ob man den Versuch alleine oder mit vier Personen gleichzeitig an einem Papier durchführt. Das Papierrädchen dreht sich immer mit ca. 1 Umdrehung pro Minute, wenn das Stückchen Papier eine Seitenlänge von 5-6cm hat. Daraus läßt sich schließen (wenn man einmal die Reibungsverluste des Papiers an der Nadelspitze vernachlässigt), daß die Lebenskraft im menschlichen Körper mit ca. 20cm pro Sekunde fließt (eine Umdrehung pro Sekunde => einmal den Umfang pro Sekunde weitergedreht => Umfang = 6cm·π = ca. 20cm).

Allerdings geht es auch ohne die Nähe der Hand zu dem Papierkarussell: Als mein Sohn diesen Versuch einmal seinem Physiklehrer vorführte und der dann ein wenig hilflos anfing, etwas von durch die Hände erzeugten Wärmeströmungen in der Luft zu erzählen, hat sich mein Sohn zurückgelehnt, die Arme verschränkt und das Papierrädchen nur durch seinen Konzentration auf das Rädchen bewegt. Die Erklärung der Bewegung des Paierrädchens durch die Lebenskraft ist also nur eine erste Annäherung an eine zutreffende Beschreibung dieses Vorganges.

Hier ist die genaue Beschreibung der Versuchsanordnung:

Nehmen Sie ein kleines Stückchen Pappe als Fundament und stecken Sie eine Nadel hindurch, sodaß die Spitze nach oben ragt.

Schneiden Sie ein quadratisches Stückchen Papier mit einer Seitenlänge von 5-6cm Länge aus einer Papierart mit harter Oberfläche aus – die harte Oberfläche erkennen Sie daran, daß auf der Packung „oberflächengeleimt" steht oder daran, daß das Papier glänzt; manchmal ist auch die eine Seite eines Papier glänzend und die andere matt. Die glatte, harte, glänzende Oberfläche des Papiers verringert noch weiter die ohnehin schon geringe Reibung.

Falten Sie nun viermal das Papier derart, daß Sie vier Falten erhalten – zwei Diagonalen und die beiden dazwischenliegenden „Seitenmittenverbindenden". Strei-chen Sie das Papier danach jeweils wieder fast glatt. Dadurch ergibt sich ein acht-strahliger Stern. Falten Sie dabei für die Diagonalen das Papier nach unten und für die „Seiten-mittenverbindenden" das Papier nach oben. Nun können Sie das Papier durch ein wenig Knicken zu einem flachen Stern falten, der an den Diagonalen einen Grat nach oben hat und an den „Seitenmittenverbindenden" ein Tal nach unten.

Legen sie nun das Papier mit seiner Mitte auf die Nadelspitze und prüfen Sie durch leichtes Anstoßen, ob es stockt oder ob es sich mühelos dreht.

Halten sie dann eine Hand neben das Rädchen und stellen Sie sich vor, wie sich das Rädchen dreht.

Telekinese-Papierrädchen

Telekinese-Papierrädchen

Aus diesem Versuch ergibt sich, daß das Bewußtsein nicht nur ein anderes Bewußtsein (den hungrigen Tiger hinter einem) oder Gegenstände (den benötigten Schraubenschlüssel) wahrnehmen kann, sondern daß das Bewußtsein auch Gegenstände bewegen kann.

Daraus folgt, daß es einen Zusammenhang zwischen Bewußtsein und Materie geben muß – was ja eine Alltagserfahrung ist, da man bewußt beschließen kann, den eigenen Arm zu heben. Der Zusammenhang zwischen dem Bewußtsein und der Materie besteht bei dem Telekinese-Versuch allerdings zwischen dem Bewußtsein eines Menschen und einem Gegenstand, der nicht Teil seines Körpers ist.

Man könnte daher auch sagen, daß das Bewußtsein den zu ihm gehörenden Körper um den von ihm bewegten Gegenstand erweitern kann. Diese Beschreibung der Telekinese ist zugegebenermaßen etwas gewöhnungsbedürftig …

Der Zusammenhang zwischen dem „Telekinetiker" und dem von ihm bewegten Gegenstand könnte die Lebenskraft sein, die das Bewußtsein aussenden kann und mit der es Gegenstände bewegen kann.

Die Möglichkeit, das Papierrädchen auch nur durch eine Aufforderung zu drehen, zeigt, daß man die eigene Lebenskraft auch eine weitere Strecke aussenden kann.

Zu dem Lebenskraft-Modell paßt es auch, daß der Versuch deutlich schwieriger wird, wenn man das Papierrädchen unter ein Glas stellt – Glas scheint den Fluß der Lebenskraft zu behindern.

Wenn dieses Lebenskraft-Modell zutreffen sollte, wäre es sehr interessant zu wissen, wo sich die Lebenskraft in dem eigenen Körper befindet, ob sie überall in der Welt ist, wie sie insbesondere im eigenen Körper, aber auch ansonsten in der Welt organisiert ist usw.

Das differenzierteste Modell zu der Organisation der Lebenskraft im eigenen Körper findet sich in der indischen Yoga-Lehre, in der die Chakren beschrieben werden, die sozusagen die Organe des Lebenskraftkörpers sind. Dieser Lebenskraftkörper ist die Gesamtheit der Lebenskraft, die zu einem physischen Leib gehört.

II 3. Astrologie

Eine mögliche nächste Fragestellung ist, ob sich das Modell der Symmetrien und Analogien, mit dem man die Telepathie beschreiben kann, allgemeiner nachweisen läßt.

Das geeignete Mittel zur Beantwortung dieser Frage ist die Astrologie. Auch hier ist die eigene Erfahrung nötig – nur zu hören, daß Horoskope funktionieren, ist keine tragfähige Grundlage für die Untersuchung der Reinkarnation.

Es ist folglich empfehlenswert, sich wenigsten drei verschiedene Horoskope deuten zu lassen, um erfassen zu können, welch präzise und differenzierte Aussagen mithilfe eines Horoskopes möglich sind.

Wenn man die Astrologie ausreichend gut kennengelernt hat, wird es offensichtlich, daß es einen sehr präzisen Zusammenhang zwischen dem Planetenstand zum Zeitpunkt der Geburt eines Menschen („Horoskop") und dem Lebensstil dieses Menschen gibt. Denselben Zusammenhang gibt es z.B. auch zwischen dem Planetenstand zum Zeitpunkt der Gründung eines Unternehmens und dem Charakter dieses Unternehmens.

Weiterhin gibt es auch einen Zusammenhang zwischen dem aktuellen Planetenstand und den derzeitigen Ereignissen und der aktuellen Verfassung eines Menschen.

Schließlich kann man durch den Vergleich zweier Menschen auch noch das Verhältnis zwischen ihnen beschreiben.

Das Prinzip der Analogien besteht also zwischen allen Dingen in unserer Welt. Telepathie und Astrologie sind zwar nicht identisch miteinander, aber sie lassen sich beide durch einen allgemeinen Analogie-Zusammenhang zwischen Menschen, Dingen und Ereignissen beschreiben.

So wie sich bei der Telepathie die Frage gestellt hat, ob sie durch eine ausgesandte Substanz (Lebenskraft) oder durch eine Analogie-Struktur ermöglicht wird, kann man auch bei der Astrologie fragen, ob das Deuten von Horoskopen deshalb möglich ist, weil die Planeten durch das Aussenden von Lebenskraft alle Dinge auf der Erde strukturieren oder ob den Horoskopen eine allgemeine Analogie-Ordnung zugrundeliegt.

Telepathie und Astrologie können durch Analogien oder durch eine Lebenskraft beschrieben werden. Der Vorgang der Telekinese läßt sich jedoch nur durch die Lebenskraft beschreiben. Andererseits ist bei der Astrologie das Vorhandensein der Analogien offensichtlich. Es wird daher ein kombiniertes Lebenskraft/Analogie-Modell gebraucht.

Erklärungsmodelle für Telepathie, Telekinese und Astrologie		
Astrologie	*Telepathie*	*Telekinese*
↓	↓	↓
notwendiges Modell: Analogien	mögliches Modell: Analogien	
mögliches Modell: Lebenskraft		notwendiges Modell: Lebenskraft
↓ ↓ ↓		
erforderliches Modell: Kombination von Analogien und Lebenskraft		

Die Telepathie- und Telekinese-Versuche zeigen, daß sich das Bewußtsein wahrnehmend und handelnd über den eigenen Körper hinaus ausdehnen kann.

Die Telepathie und die Astrologie zeigen, daß alle Dinge in unserer Welt in eine Analogie-Ordnung einbezogen sind.

Da für die Beschreibung aller drei Phänomene (Telepathie, Telekinese, Astrologie) ein kombiniertes Analogie/Lebenskraft-Modell nötig ist, sollte man aus der alles umfassenden Analogie-Ordnung schließen können, daß auch alles von Lebenskraft erfüllt ist.

Da 1. die Lebenskraft an das Bewußtsein gebunden ist, 2. das Bewußtsein von den Analogien (Astrologie) geprägt wird, und 3. das Bewußtsein sich wahrnehmend und handelnd ausdehnen kann (Telepathie und Telekinese), sieht es sehr wahrscheinlich aus, daß auch in allen Dingen Bewußtsein enthalten ist.

Die Ergebnisse der bisherigen Betrachtungen kann man wie folgt zusammenfassen:

In allen Dingen ist Bewußtsein und in allen Dingen ist Lebenskraft enthalten und alle Dinge werden durch umfassende Analogien geprägt.

Das Bewußtsein kann sich zusammen mit der Lebenskraft wahrnehmend und handelnd über den Körper eines Menschen hinaus ausdehnen.

Daraus ergibt sich wiederum, daß es notwendig ist, die „normalen" Vorstellungen über das, was Bewußtsein eigentlich ist, gründlich zu überdenken.

II 4.   Orakel

Es gibt außer der Astrologie noch viele weitere Systeme, die auf einer Analogie-Ordnung der Welt beruhen.

So basiert z.B. jedes Orakel von den Tarotkarten über das I Ging bis zum Kaffee-satz-Lesen auf der unausgesprochenen Grundannahme, daß die Elemente des Orakels (in den genannten Beispielen also die Tarotkarten, die Hexagramme des I Gings und der Kaffeesatz) eine vollständige Abbildung der Elemente der Welt sind und daher mit ihr in Analogie stehen und sie somit abbilden.

Die Frage an das Orakel bestimmt dann den Teil der Welt, der betrachtet wird, sodaß der Teil der Orakel-Elemente, die zur Beantwortung der Frage ausgewählt werden, den Teil der Welt widerspiegeln, auf den sich die Frage bezieht – und somit die gestellte Frage beantworten.

Diese Orakel funktionieren letztlich alle wie die Astrologie – nur daß die Astrologie durch die Beständigkeit der Bewegungen der Planeten einen anderen Eindruck er-weckt als das Kaffeesatz-Lesen.

Das Befragen des Tarots und des Gings sowie das Kaffeesatz-Lesen zeigt jedoch, daß das Modell, in dem die Planeten durch das Ausstrahlen von Lebenskraft „die Geschicke der Menschen lenken" nicht auf alle Orakel übertragbar ist – der Kaffeesatz kann unmöglich durch das „Ausstrahlen von Lebenskraft" das Schicksal der Menschen bestimmen, sondern kann es höchstens als Bild darstellen.

Das in dem Kapitel über die Astrologie beschriebene Modell läßt sich daher präzi-sieren, indem man bei den Orakeln einschließlich der Astrologie die Lebenskraft als mögliches Erklärungsmodell fortläßt.

Erklärungsmodelle für Telepathie, Telekinese und Astrologie		
Astrologie	*Telepathie*	*Telekinese*
↓	↓	↓
notwendiges Modell: Analogien	mögliches Modell: Analogien	
	mögliches Modell: Lebenskraft	notwendiges Modell: Lebenskraft
↓ ↓ ↓		
erforderliches Modell: Kombination von Analogien und Lebenskraft		

II 5. Homöopathie

Es gibt außer der Astrologie und den verschiedenen anderen Orakeln noch viele weitere Systeme, die auf einer Analogie-Ordnung der Welt beruhen.

Eines der bekannteren dieser Systeme ist die Homöopathie. Diese Heilmethode beruht auf dem Grundsatz „Gleiches heilt Gleiches". Dabei werden die Heilmittel jedoch derart stark verdünnt, das in den Heilmitteln schließlich nichts mehr von der Substanz, aus der sie hergestellt worden sind, enthalten ist. Das bedeutet, daß in der Homöopathie nicht bestimmte physisch vorhandene Substanzen wirken, sondern eher die „Erinnerung" des Heilmittels an die Substanz, aus der sie mittels extremer Verdünnung hergestellt worden ist.

Ein homöopathisches Heilmittel ähnelt daher der Telepathie, bei der ebenfalls Informationen ohne physische Grundlage übertragen werden.

Die durch die homöopathischen „Kügelchen" übertragenen Informationen sind die Krankheitssymptome, die die Ausgangssubstanz hervorrufen würde, wenn man sie selber statt dem aus ihr hergestellten Heilmittel einnehmen würde. Diese durch das Kügelchen übermittelte Krankheitssymptom-Information ermöglicht es dem Körper offenbar, das eigene Krankheitssymptom zu heilen.

Zur Beschreibung dieser Wirkung der homöopathischen Heilmittel reicht wie bei der Astrologie ein Analogie-Modell aus – wobei die Astrologie nur die vorhandenen

Analogien beschreibt, während die Homöopathie durch die Einnahme der Heilmittel Analogien erschafft bzw. Analogien benutzt, um eine erwünschte Wirkung hervorzurufen.

Die Homöopathie ist eine Form der Analogie-Magie.

Diese Behauptung läßt durch die folgende Anekdote noch anschaulicher illustrieren:

Ein Homöopathie-Schüler ist in Peru in Urlaub gewesen und dort schwer erkrankt. Daraufhin rief er seinen Homöopathie-Lehrer an und frug ihn, welches Mittel er gegen seine Krankheit nehmen solle. Sein Lehrer sagte ihm das betreffende Mittel, aber der Schüler konnte es sich in Peru nicht beschaffen. Auf einen nochmaligen Anruf bei seinem Lehrer riet ihm dieser, den Namen des Mittels auf ein Blatt Papier zu schreiben, dann Wasser über das Papier in ein Glas zu gießen und dann dieses Wasser zu trinken. Kurz darauf war der Schüler geheilt.

Dieses Verfahren ist deshalb möglich, weil die Einnahme des Kügelchens ein symbolischer Akt ist – die Einnahme des Kügelchens ist ein „Kooperationsvertrag" mit dem „Geist" der Substanz, aus dem dieses Kügelchen hergestellt worden ist. Man könnte statt „Kooperationsvertrag" auch „magisch bindender Pakt" sagen, wenn das nicht zu gruselig klingen würde …

Dieses „Vertrags-Prinzip" habe ich selber schon mehrfach erlebt. Wenn mein Freund Jörg, der Homöopath ist, für mich ein Mittel herausgesucht und es mir dann zugeschickt hat, konnte ich ihm fast jedesmal den Tag und die Uhrzeit sagen, zu der er sich entschieden hat, welches Mittel er mir geben will, denn zu diesem Zeitpunkt hat das Mittel bei mir sehr deutlich zu wirken begonnen.

Diese Wirkung konnte ich an durch die markanten Veränderungen in meinem Verhalten, meiner Stimmung und meinem Körpergefühl feststellen.

Das Modell läßt sich nun um die Homöopathie erweitern:

Erklärungsmodelle für Telepathie, Telekinese und Astrologie		
Astrologie, Homöopathie	*Telepathie*	*Telekinese*
↓	↓	↓
notwendiges Modell: Analogien	mögliches Modell: Analogien	
	mögliches Modell: Lebenskraft	notwendiges Modell: Lebenskraft
↓ ↓ ↓		
erforderliches Modell: Kombination von Analogien und Lebenskraft		

Man kann durch die genauere Betrachtung der homöopathischen Heilmittel noch zu weiteren interessanten Ergebnissen kommen.

Dazu möchte ich ein Erlebnis erzählen, das ich zusammen mit meinem Freund Jörg auf einer Traumreise hatte. Jörg ist Homöopath, weshalb die möglichst klare Kenntnis seiner „Kügelchen" und „Tröpfchen" eine der Grundlagen seiner Heilerdtätigkeit ist. Daher kam er auf die Idee, gemeinsam mit mir Traumreisen in einige seiner Kügelchen zu unternehmen, damit wir uns diese Mittel einmal „von innen her ansehen" konnten.

Dazu haben wir die Kügelchen vor uns auf einen Tisch gelegt und sie dann als „Tor" für unsere Traumreisen genommen. Bisweilen haben wir auch verschiedene Potenzen desselben Mittels auf diese Art miteinander verglichen – die Traumreisen hatten dann dieselben Themen, aber die Bilder und Landschaften hatten ganz unterschiedliche Proportionen: mit steigender Potenz wurden die Maßstäbe und Abstände größer, sodaß die Berge höher, die Ebenen weiter, aus Pfützen Seen wurden usw.

Eines Tages haben wir dann eine Traumreise in „Lycopodium C200" unternommen, also in den Bärlapp, der eine kleine Pflanze ist, die am Waldrand wächst.

Wir trafen uns in unserer Vision auf einer eher kargen, öden Landschaft und frugen uns, wo wir hier wohl hingehen sollten. Da kam ein sehr großer, urtümlicher Vogel zu uns geflogen und bat uns, uns auf seinen Rücken zu setzen, denn er solle uns zu dem König der Wälder bringen. Einigermaßen überrascht stiegen wir beide auf seinen Rücken. Der Vogel erhob sich und erreichte nach kurzer Zeit die Küste.

Nachdem wir eine Weile lang übers Meer geflogen waren, sah ich, daß der linke Flügel des Vogel steif wurde und der Vogel Schräglage bekam. Um zu verhindern, daß wir mit dem Vogel ins Meer stürzten, haben ich ihm Licht in sein linkes Flügel-Schultergelenk gesandt, woraufhin der Vogel normal weiterfliegen konnte. Schließlich erreichten wir das andere Ufer des Meeres, wo der Vogel uns in einer hügelig-bergigen Gegend mit nur wenig Pflanzenwuchs absteigen ließ und dann verschwand.

Jörg und ich machten uns auf die Suche nach etwas Interessantem und verloren uns dabei nach kurzer Zeit jedoch aus den Augen. Nach einer Weile fand ich ein großes, weites Tal, in dem seltsame Bäume wuchsen, wie ich sie noch nie gesehen hatte – irgendwie exotisch und urtümlich. Dort trafen Jörg und ich uns wieder. Wir spürten innerlich nach, wo wir den König der Wälder wohl finden könnten und gingen dann durch den leicht ansteigenden Wald in Richtung der jenseitigen Berge, die das Tal umgaben.

Nach einer Weile erreichten wir einen Hügel, der wie das gesamte Tal bewaldet war. Auf der Kuppe dieses Hügels stand ein kleiner weißer Pavillon und uns war klar, daß hier der König der Wälder wohnte. Aber wo war er? Auf unsere Frage an den Wald spürten wir, daß er unter uns in der Erde war. Also bin ich in die Erde „hinabgetaucht".

Das war ein ziemlich heftiges Erlebnis: Die Erde war oben weich und federnd wie Humus und sah wie welkes Farnkraut aus, aber weiter unten war sie ein Bäume-Massengrab, das eine solche Depression ausstrahlte, daß es kaum zu ertragen war. Ganz unten in diesem Massengrab fanden wir den König der Wälder. Wir nahmen ihn mit nach oben und brachten ihn an die Sonne. Wir versuchten noch verschiedene andere Dinge, aber es gelang uns nur, in ein ganz klein wenig aufzumuntern.

Als wir von der Traumreise zurückgekehrt waren und die Reise betrachteten, erzählte Jörg mir, daß man Lycopodium Menschen mit einer ganz speziellen Form der Depression gibt. Diese Menschen glauben, daß in ihrem Leben schon alles vorbei sei – sie halten einfach nur noch durch. Ein typisches Symptom dieser Menschen sind eine steife linke Schulter (wie bei dem Vogel).

Nachdem wir ein wenig in Lexicas gestöbert hatten, fanden wir heraus, daß die gesamten Kohlevorräte zu 90% aus Lycopodium-Gewächsen entstanden sind, die damals wirklich die „Könige der Wälder" gewesen sind, aber heute nur noch als kleines Kraut am Waldrand dahinvegetieren – die große Zeit des Lycopodiums ist schon 200.000.000 Jahre vorbei …

Dieses Erlebnis zeigt, daß der Bärlapp über eine Erinnerung der Geschichte seiner ganzen Art verfügt, die sich über 200.000.000 Jahre zurückerstreckt. Diese Erinnerung wird sowohl in der Traumreise selber deutlich als auch durch die Symptome, die man durch Lycopodium heilen kann.

Es gibt ein recht bekanntes und interessantes Pflanzenexperiment, bei dem man von zwei gleichen Pflanzen die eine beschimpft und bedroht und die andere lobt und ihr freundlich zuspricht – die Bedrohte geht ein und die Gelobte gedeiht. Dies ist eine Variante des „grünen Daumens".

Aus der Kombination dieser beiden Versuche (Bärlapp-Traumreise, Loben/Bedrohen) ergibt sich, daß die Pflanzen zum einen ein sehr weit zurückreichendes Gedächtnis haben und daß sie zum anderen auch eine telepathische Wahrnehmung haben.

Wenn man nun aber Gedächtnis und Wahrnehmung kombiniert, erhält man ein Bewußtsein, das seiner eigenen Geschichte und daher auch seiner selbst sowie auch seiner Umwelt bewußt ist.

Wie soll man ein solches Bewußtsein nennen? Am besten wohl Elfe …

Die große Ähnlichkeit einer solchen Pflanzen-Elfe mit den Seelen und ihren früheren Inkarnationen ist offensichtlich.

Die Seele ist der rote Faden, der alle Inkarnationen durchzieht und in der sich das Gesamtbewußtsein all dieser Inkarnationen befindet. Der Bärlapp-Elf, also der „König der Wälder" ist die Seele des Bärlapps, der sich im Laufe der Jahrmillionen in Billionen von Bärlappgewächsen inkarniert hat und deren gesamte Erinnerungen in sich trägt.

Ein Unterschied besteht jedoch darin, daß sich eine Menschen-Seele in den gängigen Reinkarnations-Modellen immer nur einmal und ein Elf immer sehr oft gleichzeitig inkarniert. Eine Menschen-Seele hat also immer nur einen Körper und ein Elf viele Körper.

Mit diesem König der Wälder habe ich später noch ein weiteres Erlebnis im Zusammenhang mit einer Feng Shui-Beratung gehabt, bei der es um den anstehenden Kauf eines Hauses ging.

In dem betreffenden Haus stand im Keller ein wirklich riesiger Öltank, mit dem man auch problemlos eine fünfjährige Ölkrise hätte überstehen könnte. Die Qualität dieses Öltanks durchzog aber leider das gesamte Haus und machte es ausgesprochen ungemütlich. Nun kannte ich durch die Traumreise mit Jörg in das homöopathische Lycopodium-Kügelchen den Lycopodium-Elf, also den „Geist der Bärlappgewächse", aus deren Wäldern vor 200.000.000 Jahren im Laufe der Zeit die Kohle und das Erdöl und somit auch das Heizöl in dem Tank in diesem Haus entstanden sind.

So kam ich auf die Idee, ein paar Tropfen Lycopodium C1000 in ein Glas Wasser zu geben und zu vermischen und mit der Frau, die mich um die Reinigung des Hauses gebeten hatte, in den Keller zu gehen. Dort haben die Frau und ich dann improvisiert Vokale gesungen, während ich den Tank ringsum mit dem Lycopodium-Wasser besprengt habe und dabei den „König der Wälder" darum gebeten habe, daß er die heftige Ausstrahlung des Öls in diesem Haus auflöst. Dieses Vorgehen hat einen guten Erfolg gehabt – das Haus fühlte sich anschließend deutlich anders an.

Wenn Pflanzen ein solches „kollektives Gedächtnis" und eine solche „Gruppen-Bewußtsein" haben, dann sollte man davon ausgehen können, daß es etwas ähnliches auch bei den Menschen gibt. Wenn dieses „kollektive Gedächtnis" dann auch noch strukturiert sein sollte, d.h. individuelle Untereinheiten ausbildet, wäre man schon sehr nah an der Vorstellung über die Reinkarnation.

Was bedeutet diese „kollektive Erinnerung einer Pflanzen-Art", also das Bewußtsein des Bärlapp-Elfs über seine eigene Vorgeschichte, für das Modell, das bisher entworfen worden ist? Im Wesentlichen bestätigt diese Erinnerung, daß zum einen in allen Dingen (Menschen, Tieren, Pflanzen, Mineralien) ein Bewußtsein vorhanden ist, und zum anderen kann man daraus schließen, daß sich das Bewußtsein bei der Telepathie nicht nur räumlich, sondern auch zeitlich sehr weit in die Vergangenheit hinein ausdehnen kann.

Die bisherige Modell-Graphik muß also wieder ein wenig präzisiert werden: Für die Beschreibung der Homöopathie werden auf jeden Fall die Analogien („Gleiches heilt Gleiches") benötigt, aber ein Teilbereich kann auch durch die Lebenskraft („kollektive Erinnerung einer Art" = Telepathie) beschrieben werden.

Da zum einen die Lebenskraft mit der Erinnerung und dem Bewußtsein verbunden ist und zum anderen das Bewußtsein ein Teil der umfassenden Analogie-Ordnung in der Welt ist, ergibt sich daraus ein durch Analogien strukturiertes „kollektives Bewußtsein", das mit der Lebenskraft verbunden ist.

Dieses Bewußtsein ist in Untereinheiten wie z.B. den „Bärlapp-Elf" gegliedert.

Erklärungsmodelle für Telepathie, Telekinese und Astrologie			
Astrologie	*Homöopathie*	*Telepathie*	*Telekinese*
↓	↓	↓	↓
notwendiges Modell: *Analogien*	notwendiges Modell: *Analogien*	mögliches Modell: *Analogien*	
	mögliches Modell: *Lebenskraft*	mögliches Modell: *Lebenskraft*	notwendiges Modell: *Lebenskraft*
↓↓↓			
erforderliches Modell: Kombination von Analogien und Lebenskraft			
↓↓↓			
ein durch Analogien strukturiertes und mit der Lebenskraft verbundenes „kollektives Bewußtsein" mit umfassenden Erinnerungen, das in Untereinheiten gegliedert ist			

II 6. Feuerläufe

Manche Ereignisse scheinen die Naturgesetze außer Kraft zu setzen. Ein besonders eindrucksvolles Beispiel sind Feuerläufe. Dabei geht man barfuß über 700-800°C heiße glühende Holzkohle.

Man kann auch in der Glut stehen bleiben, sich nackt in sie legen oder mit kleinen Glutstückchen „Kirschkern-Spucken" spielen und kleine Glutstückchen aufessen – diese Beispiele beruhen auf eigenen Erfahrungen.

Wenn man dies einmal erlebt hat, ist es offensichtlich, daß das Analogie-Modell zur Erklärung nicht mehr ausreicht, da man etwas derart gründlich Unmögliches tut.

Im Grunde sind Feuerläufe jedoch „nur" eine erweiterte Form der Telekinese. Sie zeigen jedoch eindrucksvoll, in welchem Ausmaß man diese Telekinese anwenden kann – sie geht weit über das telekinetische Drehen eines Papierrädchens hinaus.

II 7. Das physikalisch-kausale Weltbild und das magisch-analoge Weltbild

Da wir stets in derselben Welt leben, egal ob wir eine Nachricht per E-mail oder per Telepathie versenden, muß es ein umfassendes Modell dieser Welt geben, in der beide Vorgänge ihren Platz haben.

Wenn man die Physik und die „magischen Analogien" (Astrologie, Telepathie, Homöopathie) miteinander vergleicht, wird vor allem ihre unterschiedliche Blickweise auf die Welt deutlich:

> Die Physiker und generell die Naturwissenschaftler blicken auf eine zeitliche Entwicklung, bei der sich mehrere Dinge begegnen und dabei ihr Verhalten ändern.

> Die Magier betrachten hingegen Analogien, also den Zusammenhang zwischen mehreren Menschen oder Dingen mit derselben Qualität sowie die parallele Entwicklung zwischen ihnen, die der Magier entweder durch ein Orakel erfaßt oder durch „Zauberei" hervorruft.

Der Physiker und der Magier blicken in zwei verschiedene Richtungen und sehen daher auch zwei verschiedene Zusammenhänge: Der Physiker sieht kausale Entwicklun-gen entlang der Zeitachse und der Magier sieht Analogien innerhalb der Gegenwart.

Aus diesen verschiedenen Blickweisen ergibt sich, daß der Physiker seine Beobachtungen mit Maß und Zahl beschreibt, während der Magier zur Beschreibung seiner Beobachtungen Qualitäten und Analogien benutzt.

Aus dieser Verschiedenheit der Blickrichtungen und der verwendeten Einheiten ergibt sich zunächst einmal, daß man weder mit den Naturwissenschaften die Magie erklären kann noch mithilfe der Magie die Naturwissenschaften. Man sollte auf jeden Fall sehr vorsichtig mit allen Versuchen sein, die das eine auf das andere reduzieren wollen.

Man kann die Verschiedenartigkeit der beiden Sichtweisen in einem Diagramm zusammenfassen (siehe nächste Seite):

> Die waagerechte Achse in dem Quadrat ist die Gegenwart und der Raum. Die senkrechte Achse ist die Zeit, die von unten (Vergangenheit) nach oben (Zukunft) verläuft.

> Der Physiker betrachtet vor allem die senkrechte Achse, auf der er die kausal verursachten Veränderungen im Verhalten einzelner Dinge beobachten

kann.

Der Magier betrachtet vor allem die waagerechte Achse, auf der er die für das anstehende Thema relevanten, d.h. analogen Einheiten betrachtet und symbolisch miteinander verbindet.

Beide Weltanschauungen treffen sich im Hier und Jetzt (der Kreuzungspunkt im Zentrum), d.h. daß sowohl der Physiker als auch der Magier beide danach streben, das Verhalten einer Sache oder eines Menschen im Hier und Jetzt durch Beobachtung bzw. durch ein Orakel zu begreifen und dann durch Technik bzw. durch einen Zauber zu beeinflussen.

Innerhalb dieses Diagrammes könnte man die Physik als das „vertikale Weltbild" und die Magie als das „horizontale Weltbild" bezeichnen.

Die Grundaussage der Naturwissenschaften ist:

Jede Begegnung zwischen zwei Dingen verändert diese beiden Dinge in vorhersehbarer Weise.

Die Grundaussage der Magie ist:

Gleiches wirkt auf Gleiches.

Oder etwas anders formuliert:

Analoge Dinge entwickeln sich analog zueinander.

Um den Zusammenhang zwischen diesen beiden Weltbildern genauer zu erfassen, ist es zunächst sinnvoll, beide Weltanschauungen noch detaillierter zu betrachten.

Beide Weltanschauungen gehen von einem Ur-Anfang aus: die Naturwissenschaften von einem Urknall und das magisch-mythologische Weltbild von einer Schöpfung (oft durch einen Urgott).

In beiden Fällen ist die Welt vor der Schöpfung homogen und undifferenziert. Der erste Schritt der Schöpfung ist stets die Differenzierung in zwei Gegensätze.

Beim Urknall ist dieser Urgegensatz die kinetische Energie des Urknalls (etwas unpräzise der „Urknallimpuls") und die Gravitationsenergie – also die ausdehnende Bewegung und die zusammenziehende Bewegung. Man kann auch die Entstehung des ersten Teilchens zusammen mit seinem Antiteilchen als dieses Ur-Gegensatzpaar betrachten.

Die Summe des Urgegensatzes („+1" und „-1") ist immer „0", da sonst etwas aus dem Nichts erschaffen worden wäre, was aufgrund der Erhaltungsgesetze unmöglich sein sollte. Die mathematisch-physikalische „Formel" für die Schöpfung lautet daher „$0 => (+1) + (-1)$".

In den Schöpfungsgeschichten ist dieser Ur-Gegensatz z.B. bei den Chinesen Yin und Yang, bei den Germanen Feuer und Eis oder in Mesopotamien und Ägypten Erde und Wasser.

Der erste Schritt in der Entstehung der Welt sieht in beiden Weltbildern gleich aus. Man kann ihn wie folgt vereinfacht graphisch darstellen:

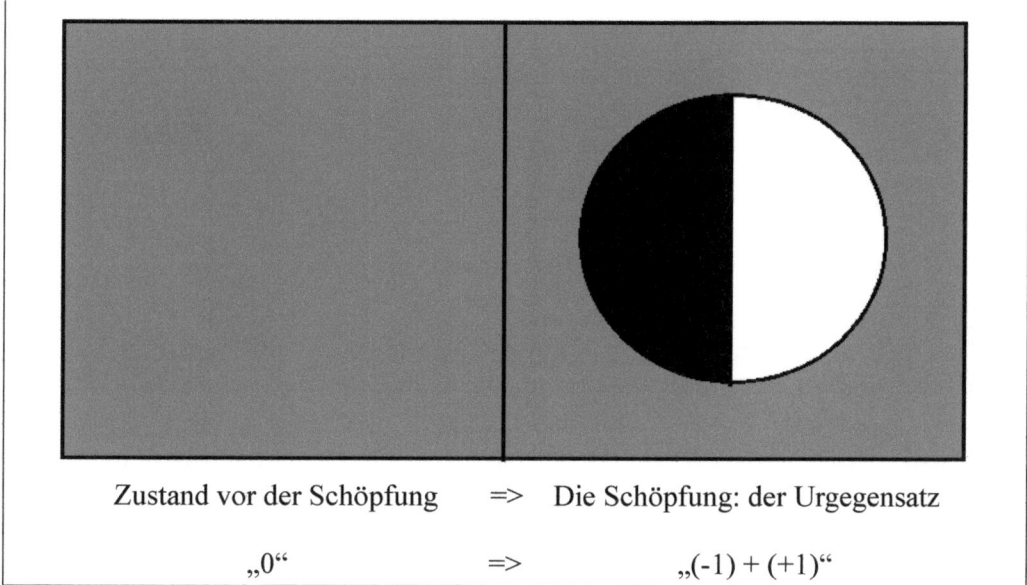

Zustand vor der Schöpfung	=>	Die Schöpfung: der Urgegensatz
„0"	=>	„(-1) + (+1)"

Während der Urzustand und der erste Schritt noch in beiden Weltbildern gleich sind, tritt im zweiten Schritt ein deutlicher Unterschied auf.

In den naturwissenschaftlichen Weltbildern differenziert sich der Urgegensatz auf „diffuse" Weise weiter, während die Differenzierung in den magisch-mythologischen Weltbildern sich aufgrund der Analogien zu einem Gesamtmuster entwickelt, das wie ein Mandala ist, in dem jedes Teil einen sinnvollen Bezug zu allen anderen Teilen hat.

In dem physikalischen Weltbild gelten die Erhaltungssätze, die besagen, daß es zu jedem Ereignis ein ausgleichendes Ereignis gibt, d.h. daß z.B. keine Materie ohne Antimaterie entstehen kann oder daß nicht nur die Erde die Bahn des Mondes beeinflußt, sondern auch der Mond die Bahn der Erde. Die älteste Formulierung dieses Prinzips lautet „actio = reactio".

In dem magischen Weltbild gilt der „Analogie-Erhaltungssatz", d.h die Welt entfaltet sich symmetrisch auf eine Weise, durch die jedes Teil der Welt in einem sinnvollen Zusammenhang zu allen anderen Teilen dieser Welt steht.

Der Unterschied zwischen den beiden Weltbildern läßt sich wieder auf einfache Weise graphisch darstellen:

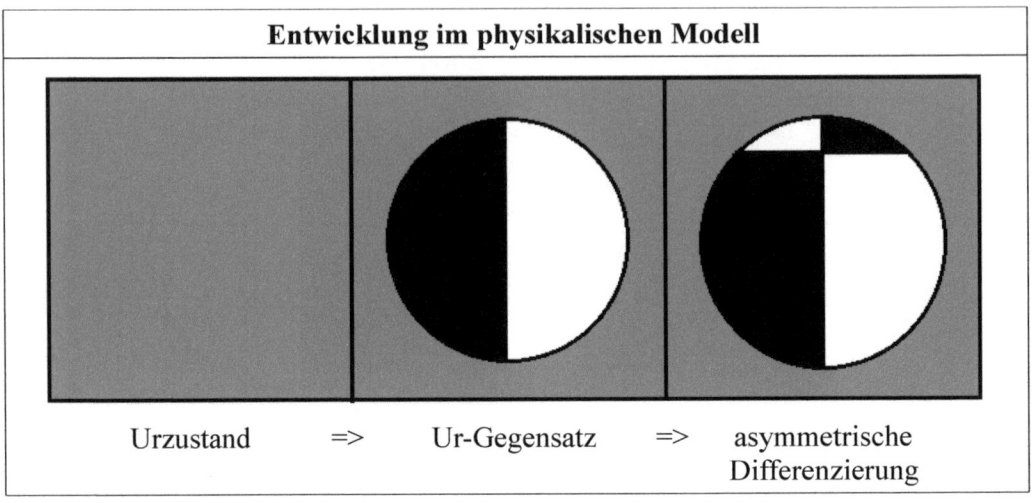

Entwicklung im physikalischen Modell

Urzustand => Ur-Gegensatz => asymmetrische Differenzierung

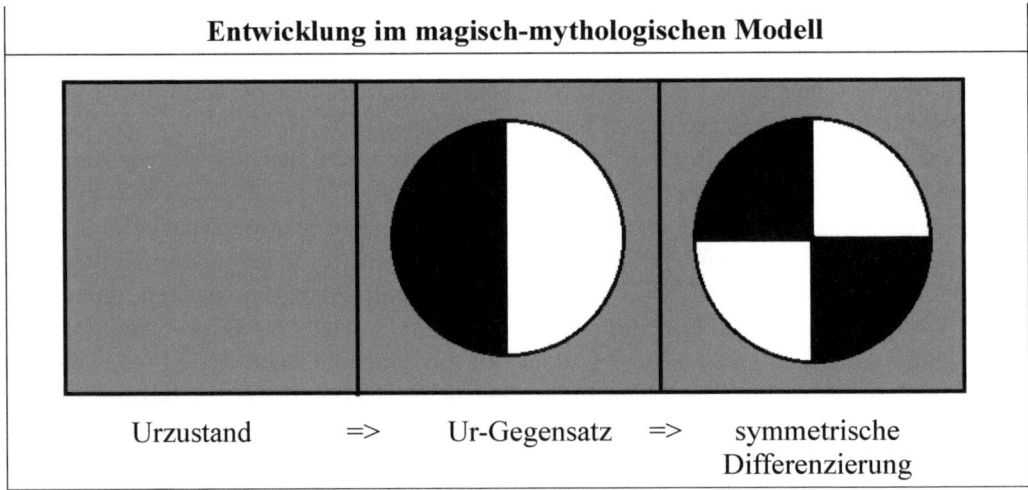

Entwicklung im magisch-mythologischen Modell

Urzustand => Ur-Gegensatz => symmetrische Differenzierung

Der interessante Punkt an diesem Unterschied ist, daß das magisch-mythologische Modell nicht im Widerspruch zu dem physikalischen Modell steht, sondern lediglich ein weiteres Element in die Beschreibung einführt: Die Ausdifferenzierung verläuft nicht zufällig, sondern in Analogien und bildet daher ein symmetrisches Mandala.

In dem magisch-mythologischen Modell ist diese symmetrische Differenzierung nicht nur ein „ästhetischer Aspekt", sondern er ist auch eine Wirkungsmöglichkeit, da die Analogie in diesem Modell zwingend vorhanden ist. Diese Symmetrie kann nur dann erhalten bleiben, wenn jedesmal, wenn sich an einer Stelle in dem symmetrischen Aufbau der Welt etwas ändert, sich auch an allen anderen Orten der Welt, die dieser Stelle entsprechen, die Dinge in entsprechender Weise verändern.

Da man in der überaus komplexen Welt von einer vielschichtigen Überlagerung all dieser zeitlichen Veränderungen in der Analogie-Ordnung ausgehen muß, ist es zunächst nicht möglich, diese analogen Entwicklungen festzustellen. Erst dann, wenn man selber durch eine „magische Handlung" wie z.B. das Ziehen einer Tarotkarte einen definierten Rahmen hat, innerhalb dessen man die Analogien beobachten kann, werden diese Entsprechungen z.B. zwischen der Tarotkarte und den Ereignissen, auf die sich die Frage an das Orakel bezieht, deutlich.

Man kann diese Analogien auch in ihrem zeitlichen Aspekt beschreiben:

Jedes Teil steht mit allen anderen Teilen mit derselben Qualität in einer Entwicklungs-Kopplung.

Die Bedeutung dieses Satzes kann man am besten anhand der Astrologie erkennen: Die Planeten laufen auf festgelegten Bahnen mit festgelegten Geschwindigkeiten um die Sonne. Wenn man die Qualitäten der Planeten, der Winkel zwischen ihnen sowie der Tierkreiszeichen und der astrologischen Häuser herausgefunden hat, hat man ein Bezugssystem, das sich in vorhersehbarer Weise entwickelt und von dem man daher zukünftige Entwicklungen ablesen kann.

Diese Betrachtungen zeigen, daß die einzige zusätzliche Annahme, die dafür notwendig ist, um einen sehr großen Teil der Magie zusammen mit den Naturwissenschaften in einem gemeinsamen Weltbild zu beschreiben, die Annahme einer symmetrischen Differenzierung und Entwicklung der Welt ist.

Diese Form der Entwicklung fällt lediglich deshalb nicht sofort auf, weil die Welt derartig groß und komplex ist.

Wenn man davon ausgeht, daß es die „symmetrische Entwicklung" der Welt gibt, würde dies auf einfache Weise solche Dinge wie das Funktionieren von Orakeln oder die Astrologie beschreiben.

Auch die Vorgänge, die sich besser oder nur mit der Lebenskraft beschreiben lassen wie die Telekinese oder die Telepathie, sind ein Teil dieser Analogie-Ordnung.

Daraus ergibt sich eine interessante Frage: Was bewirkt es in der Welt, wenn ich ein Stückchen glühende Holzkohle esse? Geschehen dann gleichzeitig an anderen Stellen der Welt ähnliche Dinge, bei denen die Wirkung der Lebenskraft den „normalen Verlauf" der Dinge verändert?

Der Unterschied zwischen den beiden Weltbeschreibungen der Physik und der Magie läßt sich durch die folgende Graphik noch etwas deutlicher veranschaulichen:

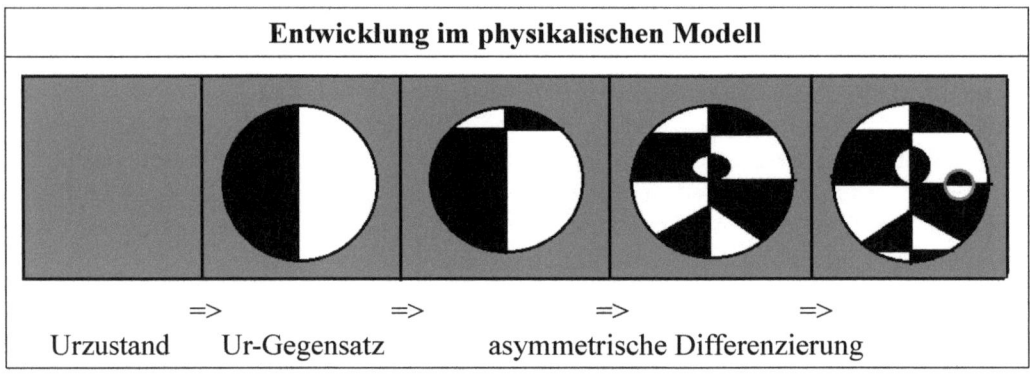

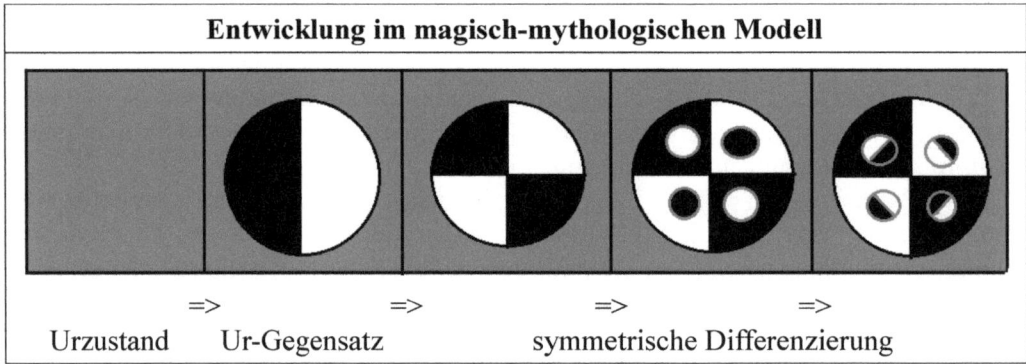

Es stellt sich nun natürlich die Frage, ob sich diese Symmetrien sowie die auf ihnen beruhenden Wirkungen auch in dem naturwissenschaftlichen Weltbild nachweisen lassen.

Es gibt erfreulicherweise ein Element, daß sich recht leicht in beiden Weltbildern nachweisen läßt: Die Qualität der Winkel. Die Winkel haben im naturwissenschaftlichen Weltbild und im magischen Weltbild (Aspekte der Astrologie, Winkel in den Kristallgittern der Heilsteine u.ä.) dieselben Qualitäten.

Ein 90°-Winkel stellt stets eine Trennung und das Aufspannen eines Raumes dar, ein 60°-Winkel die Kombination gleicher Elemente zu einer Gruppe und der 120°-Winkel eine feste Verbindung.

(Diese Winkel sowie weitere Analogien werden in meinem Buch „Physik und Magie" ausführlich dargestellt.)

II 8. Ergebnisse

Telepathie, Telekinese, Feuerläufe, Astrologie, Orakel und Homöopathie zeigen, daß es zum einen eine nicht-physikalische Lebenskraft gibt, durch die einige dem naturwissenschaftlichen Weltbild widersprechenden Phänomene wie die Telekinese beschrieben werden können, und daß es zum anderen in der Welt neben der kausalen Ordnung auch noch eine komplexe Analogie-Ordnung gibt.

Das Analogie-Modell ist die Erklärung von Orakeln und der Astrologie sowie der Homöopathie unumgänglich, während das Lebenskraft-Modell für die Beschreibung der Telekinese einschließlich der Feuerläufen notwendig ist. Für die Gesamtbeschreibung der bisher betrachteten nicht-physikalischen Phänomene ist daher eine Kombination beider Modelle erforderlich.

Das differenzierteste Modell der Analogien findet sich in der Astrologie und das differenzierteste Modell der Lebenskraft in dem indisch-tibetischen Chakren-System.

Sowohl das Analogie-Modell als auch das Lebenskraft-Modell bzw. die Kombination der beiden Modelle macht es erforderlich, das Menschenbild über die naturwissenschaftliche Beschreibung hinaus zu erweitern, da die Beobachtungen bei der Telepathie, der Telekinese, des Astrologie usw. zeigen, daß das Bewußtsein nicht auf den Körper begrenzt ist und zudem in ein „Kaleidoskop" aus Analogien eingebunden ist.

Die Astrologie zeigt, daß die Analogien sich auf die gesamte Welt erstrecken, also ein universelles Ordnungssystem sind, in das alle Dinge eingebunden sind.

Anhand der Feuerläufe kann man sehen, daß man die Telekinese sehr weit ausdehnen kann und mit ihrer Hilfe die Naturgesetze auch in großem Maße außer Kraft setzen kann.

Anhand der Homöopathie kann man wiederum erkennen, daß die Wirkungsweise eines Mittels nicht auf seiner Substanz, sondern auf der Geschichte dieser Substanz (z.B. der Vorgeschichte des Bärlapps) beruht. Die Tiere, Pflanzen und Mineralien in unserer Welt besitzen offenbar ein „kollektives Gedächtnis" und kennen die Biographie ihrer Tier-, Pflanzen oder Mineralienart, die sehr weit über ihren eigenen Körper hinausgeht.

Das ist dasselbe Prinzip wie bei der Telepathie und der Telekinese, bei denen das Bewußtsein Informationen von außerhalb des eigenen Körpers erlangt bzw. außerhalb des eigenen Körpers handelt.

Da auch Pflanzen auf Telepathie reagieren, haben Pflanzen sowohl eine „Erinnerung" an ihre eigene Geschichte als auch eine Wahrnehmung, was bedeutet, daß sie Wesen mit Gedächtnis und Sinneswahrnehmungen sind – sie besitzen also eine Form von Bewußtsein („Elfen").

Verallgemeinert kann man daher sagen, daß alle Dinge ein Bewußtsein haben und dieses Bewußtsein zwar normalerweise innerhalb des eigenen Körpers bleibt, aber sich sowohl wahrnehmend als auch handelnd über die Grenze des eigenen Körpers hinaus ausdehnen kann. Das Bewußtsein ist somit nicht auf den eigenen Körper begrenzt.

Wie die Homöopathie zeigt, ist das Bewußtsein über die eigene Geschichte in allen Dingen enthalten – nicht nur die Geschichte des Individuums, sondern die Geschichte der Art, zu der dieses Individuum gehört. Das bedeutet wiederum, daß diese Ausdehnung des Individuums auf das „Art-Gedächtnis" kein exotischer Spezialfall ist, der nur selten vorkommt, sondern daß dieses Art-Gedächtnis" ständig vorhanden ist – sonst könnten homöopathische Heilmittel nicht entsprechend ihrer Geschichte wirken.

Das läßt wiederum vermuten, daß auch die Ausdehnung der Wahrnehmung über die eigene Körpergrenze hinaus wie bei der Telepathie kein Sonderfall ist, sondern der Normalfall – sonst ließe sich auch nicht erklären, warum man es spürt, wenn man von hinten angestarrt wird.

Es hat also den Anschein, als ob das Bewußtsein eine deutlich andere Struktur hätte als die eines „kleinen Lichtes im Kopf".

Das physikalische-kausale Weltbild und das magisch-analoge Weltbild lassen sich widerspruchsfrei und mühelos miteinander kombinieren.

Ein Element, das beiden Weltbildern gemeinsam ist, sind die Qualitäten der Winkel. Dies ist innerhalb dieser Betrachtungen ein wesentlicher Punkt, da er zeigt, daß die Unterschiede der beiden Weltbilder tatsächlich nur in dem Blickwinkel begründet liegen, aber das die beobachtbaren Qualitäten dieselben sind.

Die zusätzliche Aussage, die sich aus der Kombination der beiden Weltbilder ergibt, ist die symmetrische Entfaltung der Welt, die eine innere Ordnung bewahrt, durch die sich solche Phänomene wie Telepathie und Astrologie ergeben.

Ein derzeit noch unklarer Aspekt des physikalisch-magischen Modells ist die Lebenskraft, deren Existenz zwar nachweisbar ist, deren Wesen aber ausgesprochen unklar ist.

Die Ergebnisse der bisherigen Betrachtungen lassen sich mit der folgenden Graphik zusammenfassen:

Erklärungsmodelle für Telepathie, Telekinese und Astrologie			
Astrologie	*Homöopathie*	*Telepathie*	*Telekinese, Feuerlauf*
↓	↓	↓	↓
notwendiges Modell: *Analogien*	notwendiges Modell: *Analogien*	mögliches Modell: *Analogien*	
	mögliches Modell: *Lebenskraft*	mögliches Modell: *Lebenskraft*	notwendiges Modell: *Lebenskraft*
↓ ↓ ↓			
erforderliches Modell: Kombination von Analogien und Lebenskraft			
↓ ↓ ↓			
ein durch Analogien strukturiertes und mit der „Lebenskraft" verbundenes „kollektives Bewußtsein" mit umfassenden Erinnerungen, das in Untereinheiten gegliedert ist			

Die Essenz der bisherigen Betrachtungen, die die Grundlage für die weiteren Untersuchungen über die Reinkarnation bildet, läßt sich wie folgt zusammenfassen:

Die Welt wird sowohl durch die Kausalität als auch durch Analogien strukturiert, was zu einer symmetrischen Entfaltung der Welt führt, die wiederum dafür sorgt, daß alle Teile der Welt in einem sinnvollen Zusammenhang miteinander stehen.

Zusätzlich zu den Analogien gibt es auch noch eine „nicht-materielle Substanz", die in diesem Buch „Lebenskraft" genannt wird.

Alle Dinge besitzen ein Bewußtsein.

Das Bewußtsein kann wahrnehmend und handelnd über die Grenze des Körpers hinausgehen. Das „erweiterte Bewußtsein" ist kein Sonderfall, sondern der Normalfall.

Es gibt neben dem individuellen Bewußtsein und Gedächtnis auch ein „Art-Gedächtnis" und auch ein „Art-Bewußtsein".

III   Die Seele

Die Suche nach Elementen in unserer Welt, die nicht-materieller Natur sind und die die Grundlage für die in diesem Buch untersuchte Reinkarnation sein könnten, hat zu der Frage geführt, welchen Charakter eigentlich das Bewußtsein hat.

III 1.   Astralreise

Das zentrale religiöse Erlebnis ist der Nahtod. Wenn Menschen sehen, daß es keine Rettung mehr gibt, werden sie in den meisten Fällen ohnmächtig. Dies ist eine durchaus sinnvolle Einrichtung: Wenn hinter einem eine Schlucht liegt und vor einem drei hungrige Löwen stehen, ist es für nichts mehr förderlich, das eigene Gefressenwerden in aller Klarheit mitzuerleben …

Was von außen her wie eine Ohnmacht aussieht, wird von innen her jedoch völlig anderes erlebt: Der Betreffende sieht und spürt, wie er seinen Körper verläßt und dann über sich selber schwebt.

Wenn die drei Löwen ihn anschließend fressen, gibt es nichts weiter zu erzählen – wenn die Löwen jedoch rechtzeitig von anderen Menschen verjagt werden und der Betreffende daher überlebt, wird er erzählen, was er erlebt hat: „Ich war wie ein Vogel – ich bin über meinem Körper umhergeflogen!"

Diese Art von Erlebnissen hat den Menschen gezeigt, daß es etwas gibt, was den Tod übersteht und was unabhängig von dem materiellen Körper existiert. Aufgrund des Schwebens über dem eigenen Körper hat man diesen Teil des Menschen als Vogel dargestellt – den Seelenvogel.

Dieser meistens „Seele" genannte Körper-unabhängige Teil des Menschen wird als Vogel, als Vogel mit Menschenkopf, als Mensch mit Vogelkopf, als Mensch mit Federkleid, als Mensch mit Federkrone usw. dargestellt.

Die Ursachen für solche „out of body"-Erlebnisse können sehr verschieden sein. Das erste mal habe ich selber es erlebt, als ich mit fünf Jahren an den Mandeln operiert worden bin. Damals wurde man noch mit Chloroform betäubt, das bekannt für das Bewirken solche Erlebnisse ist. Ich habe dabei meine Operation „von oben her" miterlebt.

Das zweite mal habe ich eine solche „Astralreise" als Jugendlicher erlebt, als mir bei einer medizinischen Untersuchung etwas zuviel Blut abgenommen worden ist. Ich bin ohnmächtig geworden und habe dann mir, meiner Mutter und der Ärztin wieder von oben her zugesehen.

Das dritte mal ist mir ein solches Verlassen meines Körpers passiert, als ich das erste mal eine Nacht mit einer Frau verbracht hatte – wobei nichts „geklappt" hat. Danach war ich einerseits so müde und andererseits so aufgeladen, daß ich sozusagen bei vollem Bewußtsein eingeschlafen bin und die ganze Nacht über kurz unter der Zimmerdecke geschwebt habe.

Andere typische Ursachen für Astralreisen sind Unfälle, Katastrophen, Vergewaltigungen u.ä. Erlebnisse, bei denen der Betreffende keinen Ausweg mehr sieht.

Auch von Tieren ist dieses Verhalten bekannt – in großer Gefahr, in der keine Rettung mehr möglich scheint, werden auch manche Tiere ohnmächtig. Wenn die Gefahr vorüber ist und sie überlebt haben, kommen sie wieder zu Bewußtsein.

Eine solche Astralreise zeigt sehr eindrücklich, daß der Mensch nicht nur sein Körper ist.

Es lohnt sich, dieses Erlebnis genauer anzuschauen und zu prüfen, was man mit Sicherheit aus ihm schließen kann.

Zunächst einmal gibt es die Möglichkeit, sich selber von außen her zu sehen. Das Bewußtsein und mit ihm die Wahrnehmungsfähigkeit kann nach außen hin verschoben werden, d.h. sie ist nicht an den Körper gebunden.

Da niemand, der tatsächlich „von den Löwen gefressen" worden ist, über sein Todeserlebnis berichten kann, ist man hier auf „Beinahe-Tod"-Erlebnisse angewiesen. Es ist jedoch anzunehmen, daß man bei einem solchen Nahtod-Erlebnis dasselbe geschieht wie beim tatsächlichen Tod – schließlich weiß der Mensch während dieses Erlebnisses nicht, daß er nur beinahe tot ist und überleben wird.

Diese Art von Erlebnis ist auch dasselbe, wenn jemand einige Minuten lang klinisch tot ist und dann aber doch noch wiederbelebt werden konnte. Wenn das Bewußtsein beim Ende der körperlichen Funktionen, also dem Tod, vollständig erlöschen würde, sollte man bei den Menschen, die klinisch tot waren, zumindestens einen „Filmriß" finden. Stattdessen sind diese Menschen jedoch in der Lage, nach ihrer Rückkehr in ihren Körper z.B. die Maßnahmen, die zu ihrer Wiederbelebung geführt haben, und die Reaktionen der Menschen in dem Raum auf den „vorübergehenden" Tod genau zu beschreiben.

Die Wahrscheinlichkeit, daß das Bewußtsein auch nach dem Tod des Körpers noch weiterexistiert, ist also sehr groß.

Es gibt Menschen, die eine solche Astralreise erlebt haben und danach solange geübt haben, bis sie dieses Erlebnis willentlich wiederholen konnten. Solche Menschen sind in der Steinzeit und auch noch im frühen Königtum die „spirituellen Spezialisten" gewesen. Sie werden heute in der Regel mit dem tungusischen (sibirischen) Begriff als „Schamanen" bezeichnet.

Ein Teil der Menschen wirkt bei einer Astralreise so, als ob sie tief schlafen würden, während ein anderer Teil der Astralreisenden wie tot wirkt und Herzschlag und Atem weitgehend eingestellt hat. Es gibt offenbar mehrere Methode der Astralreise. Aus der Sicht der Betreffenden besteht der Unterschied darin, ob sie einfach mit ihrem Bewußtsein ihren Körper verlassen (Schlaf-ähnlicher Zustand) oder ob sie ihren Lebenskraftkörper mitnehmen (Tod-ähnlicher Zustand).

Das Mitnehmen der Lebenskraftkörpers ist zwar schwieriger, aber durch ihn werden telepathische und telekinetische Aktionen deutlich einfacher.

Wenn man das Astralreisen gewohnt ist, kann man mit seiner Seele („Astralkörper") an jeden beliebigen Ort gehen und sich dann dort alles ansehen, was man will.

Geronimo, der bekannte Kriegshäuptling und Medizinmann der Apachen (1829-1909), hat durch seine regelmäßigen Astralreisen zu den Lagern der Kavallerie 35 Jahre lang erfolgreich gegen die amerikanische Armee gekämpft, da er durch seine unsichtbaren Besuche bei in den Lagern der Kavallerie stets bestens über die Pläne der Amerikaner informiert gewesen ist.

Ein anderer Aspekt der Astralreise ist der Schlaf: Man verläßt beim Schlaf den eigenen Körper und wird daher „ohnmächtig" – was man beim Schlaf jedoch berechtigterweise ganz normal findet. Die Flugträume sind eine halbbewußte Erinnerung daran, daß man in der Nacht seinen Körper verläßt.

Es gibt also den begründeten Anfangsverdacht, daß die erfrischende Wirkung des Schlafes etwas mit der Astralreise zu tun haben könnte.

III 2. Seele

Es gibt ein wesentliches Ereignis, das man beim Meditieren oder bei Traumreisen erleben kann: die Begegnung mit der eigenen Mitte, mit der eigenen Seele.

Solange man diese Mitte noch nicht als das erkannt hat, was sie eigentlich ist, kann man sie als außerhalb von sich selber wahrnehmen – dann wird sie meistens „Schutzengel", „Geistführer" o.ä. genannt. Wenn man ihr jedoch bewußt begegnet ist, wird man sich recht bald mit ihr vereinen, d.h. in sie hineintreten – dann ist sie die bewußte eigene Mitte geworden geworden, die „Sonne im Herzchakra".

Dieses Erlebnis ermöglicht es, bewußt und absichtlich mit der eigenen Mitte zu sprechen. Schon die Begegnung mit ihr selber hat eine große Wirkung – sie kann von „inneren Frieden finden" bis „wissen, wer ich bin" reichen. Wenn man der eigenen Mitte begegnet ist, fragt man nicht mehr nach dem Sinn des Lebens, da dieser Lebenssinn offenkundig geworden ist: Er besteht darin, daß man das, was von dieser Mitte ausstrahlt, in dem eigenen Leben ausdrückt.

Das, was bei einem Nahtod-Erlebnis den eigenen Körper verläßt (Astralkörper), enthält zwar die Seele, aber die Seele ist zu diesem Zeitpunkt noch in den Lebenskraftkörper, d.h. in die Psyche ihrer letzten Inkarantion gehüllt. Auch wenn das, was den Körper bei der einer Astralreise oder bei einem Nahtod-Erlebnis verläßt, meistens als „Seele" bezeichnet wird, ist hier doch eine genauere Unterscheidung zwischen der Seele und dem Astralkörper/Lebenskraftkörper der derzeitigen Inkarnation notwendig.

Durch die Begegnung mit der eigenen Mitte erhält die eigene Seele, also das, von dem man vermuten kann, daß es den roten Faden bildet, auf dem die Perlen der eigenen Inkarnationen aufgereiht sind, eine konkrete Gestalt. Wie alle diese Erlebnisse eignen sie sich erst dann zur Veränderung des eigenen Weltbildes, wenn man sie selber erlebt hat.

Die Veränderung im eigenen Leben, die durch die Begegnung mit der eigenen Mitte bewirkt werden kann, und das neue Lebensgefühl, das dadurch entstehen kann, läßt sich durch Worte kaum vermitteln – es müßte eine von Glück erfüllte Hymne an die eigene Seele sein …

III 3. Tulkus

In Tibet gibt es ca. 1000 Mönche, die „Tulku", d.h. „Wiedergeborener, König, Herrscher, Meister" genannt werden. Diesen Titel erhalten die Mönche, die in der Lage sind, eine bewußte Verbindung zwischen mehreren ihrer Leben herzustellen.

Ein Tulku kann seine nächste Inkarnation vorhersagen und er kann, wenn er dann wiedergeboren worden ist, schon als Kind unter einer großen Anzahl von Gegenständen die wiedererkennen, die ihm im vorhergehenden Leben gehört haben. Zudem ist es ihm möglich, das Wissen aus seinem vorigen Leben wieder in sich wachzurufen. Daher gibt es in Tibet des öfteren Kinder, die Lehrer oder sogar Äbte von Klöstern sind – sie sind solche Tulkus.

Diese Erinnerungen und Vorhersagen der Tulkus ziehen sich oft über eine ganze Reihe von Inkarnationen hin. Der derzeitige Dalai Lama, der auch zu den Tulkus gehört, ist z.B. die 14. bekannte Inkarnation desselben Menschen, der in seiner ersten bekannten Inkarnation der erste Dalai Lama (1391-1471) gewesen ist.

Das mindeste, was durch die Fähigkeiten dieser Tulkus nachgewiesen wird, ist, daß man die Bewußtseinsinhalte des Lebens eines Verstorbenen in das Leben eines zweiten Menschen, der erst nach dem Tod dieses ersten Menschen geboren worden ist, übertragen kann. Zudem wußte der erste, verstorbene Mensch, in welchen zweiten

Menschen, der erst noch in der Zukunft geborene werde, er sein Wissen übertragen wird.

Das, was hier so vorsichtig und sorgfältig formuliert worden ist, läßt sich am einfachsten dadurch beschreiben, daß ein Tulku sein Bewußtsein und sein Wissen durch den Prozeß seines Todes und seiner Wiedergeburt weitgehend klar und unverändert in sein neues Leben mitnehmen kann.

Die Tulkus sind kein unanzweifelbarer Beweis für die Reinkarnation, aber die Reinkarnation ist die mit Abstand einfachste Erklärung für das kontinuierliche Bewußtsein und Wissen zwischen den Leben zwei verschiedener Menschen, die nacheinander gelebt haben.

III 4. Bewußtsein

Es lohnt sich, nach diesen Betrachtungen einmal das Bewußtsein selber genauer anzuschauen.

Das Bewußtsein ist das „Etwas" in einem Menschen, durch das er weiß, daß er ein Mensch ist. Das Bewußtsein ist das koordinierende Element in einem Menschen.

Über das Bewußtsein ist am besten bekannt, daß es Inhalte enthält. Diese Bewußtseinsinhalte sind Sinneswahrnehmungen, Körperempfindungen, Gedanken, Gefühle, Willensimpulse, Erinnerungen usw.

Es gibt eine sehr schlichte, aber anfangs manchmal etwas schwierige Meditation, bei der man einfach schweigt – kein Gedanke, keine Wahrnehmung, kein Gefühl, keine Erinnerung … das Bewußtsein ist sich lediglich seiner selber gewahr.

Zunächst einmal benötigt man eine gewisse Entschlossenheit, um in diesen Zustand zu kommen, aber wenn man eine kurze Zeit in ihm gewesen ist, stabilisiert er sich, sodaß man auch einen Entschluß braucht, um ihn wieder zu verlassen. Dieser „Zustand der Stille" ist ausgesprochen friedlich und angenehm – weshalb die Stille-Meditation auch das zentrale Element im Zen-Buddhismus ist.

Es gibt somit das Bewußtsein selber, das wie eine leere Leinwand ist, und die die Bewußtseinsinhalte, die wie die Bilder auf dieser Leinwand sind.

Wie u.a. die Telepathie zeigt, gibt es jedoch noch ein weiteres wichtiges Element: die Bewußtseinsgrenze. Bei der Telepathie weitet man diese Grenze auf den Menschen oder auf die Sache aus, über den oder die man etwas erfahren will. Bei der Astralreise bewegt sich hingegen gleich das gesamte Bewußtsein (Seele, Astralkörper) aus dem physischen Leib heraus.

Schließlich zeigen die Homöopathie und die Tulkus, daß es auch ein Bewußtsein oder ein Wissen bzw. eine Erinnerung gibt, die sich auf mehrere Individuen erstreckt.

Bei der Homöopathie sind dies z.B. alle Bärlappgewächse, die es seit der Entstehung der Steinkohle vor 200.000.000 Jahren gegeben hat, und bei den Tulkus sind dies ihre aufeinanderfolgenden Inkarnationen.

Es gibt somit im Bewußtsein zumindestens vier Elemente: das Bewußtsein selber, die Bewußtseinsinhalte, die Bewußtseinsgrenzen und das „kollektive Bewußtsein" einer Art bzw. eines Menschen.

Das Weiten der Bewußtseinsgrenzen ist vermutlich eine partielle Ausdehnung des Bewußtseins eines Individuums auf das „kollektive Bewußtsein", zu dem dieses Individuum gehört – jedes einzelne Bärlapp-Gewächs ist ein Teil des „Königs der Wälder" und der aktuell lebende Tulku ist ein Teil des sich auf alle seine Inkarnationen erstreckenden Bewußtseins. Bei dem Bärlapp ist dieses kollektive Bewußtsein der Bärlapp-Elf und bei dem Tulku ist es dessen Seele.

Diese Möglichkeit der Ausweitung des Bewußtseins scheint bei der Erforschung der Reinkarnation offenbar eine wichtige Rolle zu spielen.

III 5. Ergebnisse

Das Bewußtsein setzt sich aus mindestens vier Elementen zusammen:

> 1. aus dem Bewußtsein selber,
> 2. aus den Inhalten dieses Bewußtseins,
> 3. aus den Grenzen des Bewußtseins, die auf andere Menschen oder Dinge ausgedehnt werden können, und
> 4. aus dem „kollektiven Bewußtsein", das eine ganze Art von Wesen oder mehrere Leben eines Menschen umfaßt.

Der Meditations-Zustand, in dem man nur Bewußtsein ohne Inhalte ist, hat Ähnlichkeiten mit dem Zustand, in den man durch die Begegnung mit der eigenen Seele gerät.

Das Bewußtsein kann als Ganzes mitsamt seinen Wahrnehmungsfähigkeiten und seiner Erinnerung den Körper verlassen („Astralreise"). Dies geschieht vor allem in Todesgefahr, aber auch im Schlaf. Wenn dieses Bewußtsein den Körper verläßt, wird der Körper bewußtlos (Ohnmacht, Schlaf).

Man kann zumindestens vermuten, daß die erfrischende Wirkung des Schlafes etwas mit der Astralreise zu tun hat, die eine Annäherung an die eigene Seele ist. Die Vorgänge bei der Meditation, die eine ganz ähnlich erfrischende Wirkung wie der

Schlaf haben, könnten den Vorgängen beim Schlaf sehr ähnlich sein.

Das Bewußtsein kann den Körper verlassen – beim Tod, in Gefahr (Ohnmacht), im Schlaf oder auch willentlich. Der Teil des Menschen, der den Körper verlassen kann, wird allgemein „Seele" genannt – die Seele ist dabei jedoch noch in den Lebens-kraftkörper (Psyche) ihrer derzeitigen Inkarnation eingehüllt.

Das Bewußtsein kann seine Grenzen auf andere Menschen und Dinge ausdehnen. Vermutlich dehnt sich das Bewußtsein im Schlaf, beim Tod und in der Meditation in das „kollektive Bewußtsein", d.h. in der Regel wohl nur in die eigene Seele hinein aus – was meistens eine „Bewußtlosigkeit" des Körpers mit sich bringt.

IV   Die Zeit

Ein Aspekt, der in dieser Betrachtung der Reinkarnation bisher noch fast garnicht beachtet worden ist, ist die Zeit.

IV 1.   Familienaufstellungen

Die Therapieform der Familienaufstellungen ist aus dem „Ahnenkult" in Afrika abgeleitet worden. Ursprünglich ist sie die Bitte an die Ahnen um Rat und Hilfe gewesen.

In dieser Therapieform wird eine Situation durch Personen („Stellvertreter") nachgestellt, die im Wesentlichen nur wissen, wen sie darstellen, aber so gut wie keine Informationen über die Person haben, die sie verkörpern. Die an der dargestellten Situation beteiligten Personen („Stellvertreter") stehen dann im Raum und schauen, welche Impulse in ihnen entstehen und manchmal auch, was sie sagen möchten.

Die dargestellte Situation kann die Großeltern-Familie eines der Teilnehmer, eine Situation am Arbeitsplatz, aber auch abstraktere Dinge wie z.B. das Horoskop des Fragestellenden oder eine Krankheit sein.

Dadurch, daß die teilnehmenden Personen zustimmen, eine bestimmte Person zu verkörpern, verhalten sie sich auf einmal wie diese ihnen nicht bekannten Personen und werden cholerisch oder hinken und wollen unbedingt ein bestimmtes Ziel erreichen. Die Teilnehmer verhalten sich in genau so wie die von ihnen dargestellten Personen, obwohl sie von den Verhaltensweisen der Personen, die sie darstellen, überhaupt nichts wissen.

Dieser bemerkenswerte Effekt macht diese Therapieform sehr wirkungsvoll. Dieser Effekt kann wieder als eine Ausweitung des Bewußtseins auf Informationen angesehen werden, die dem Darstellenden eigentlich garnicht zugänglich sein sollten – manche der dabei auftauchenden Informationen sind nicht einmal dem, für den diese Situation aufgestellt wird, bekannt gewesen.

Dieser Effekt entspricht der Telepathie und auch der Homöopathie, bei der die Wirkung eines Heilmittels der Geschichte der Substanz, aus der dieses Heilmittel hergestellt worden ist, entspricht.

Wie bei den homöopathischen Heilmitteln reichen die Informationen, die der Darsteller zur Verfügung hat und die er spontan und ungewollt auch darstellt (z.B. den Wutausbruch des cholerischen Großvaters), manchmal bis weit in die Vergangenheit zurück.

Dieser interessante Aspekt der „Telepathie in die Vergangenheit" ist für das in diesem Buch betrachtete Thema besonders interessant, weil die Erforschung der

Reinkarnation natürlich sehr viel mit dem Erinnern an frühere Leben zu tun hat.

Der „Erinnerungs-Effekt" bei den Familienaufstellungen und bei den homöopathischen Heilmitteln hat sehr große Ähnlichkeit mit der Fähigkeit der tibetischen Tulkus, sich an frühere Leben erinnern zu können. Die Tulkus sind zusätzlich auch noch in der Lage, die Richtung dieses „Erinnerungs-Effektes" umzukehren und können vorhersagen, wo sie das nächste Mal geboren werden – sozusagen ein „Vorherwissen-Effekt", der der Möglichkeiten der Astrologie und der Orakel, die Zukunft vorherzusagen, entspricht.

Die Familienaufstellungen lassen sich in die Übersichtsgraphik der Erklärungsmodelle einfügen. Da sie eine komplexe Form der Telepathie sind, so wie der Feuerlauf ein anspruchsvollere Form der die Telekinese ist, ist für ihre Einfügung in die Graphik keine neue Spalte notwendig.

Erklärungsmodelle für Telepathie, Telekinese und Astrologie			
Astrologie	*Homöopathie*	*Telepathie, Familienaufstellung*	*Telekinese, Feuerlauf*
↓	↓	↓	↓
notwendiges Modell: *Analogien*	notwendiges Modell: *Analogien*	mögliches Modell: *Analogien*	
	mögliches Modell: *Lebenskraft*	mögliches Modell: *Lebenskraft*	notwendiges Modell: *Lebenskraft*
↓↓↓			
erforderliches Modell: Kombination von Analogien und Lebenskraft			
↓↓↓			
ein durch Analogien strukturiertes und mit der „Lebenskraft" verbundenes „kollektives Bewußtsein" mit umfassenden Erinnerungen, das in Untereinheiten gegliedert ist			

IV 2.   Seele und Horoskop

Das Horoskop läßt sich erst dann erstellen, wenn das Kind geboren worden ist – vorher weiß man nicht, für welche Zeit man das Horoskop berechnen soll. Dieses „technische Detail" hat zu der Annahme geführt, daß die Planeten das Wesen des Neugeborenen in dem Augenblick seiner Geburt prägen.

Diese Ansicht ist jedoch nicht besonders präzise, denn eigentlich müßte die genaue Beschreibung der beobachteten Zusammenhänge wie folgt lauten: „Erst durch den Zeitpunkt der Geburt wird die Berechnung des Horoskopes möglich."

Es gibt mehrere Hinweise dafür, daß das Horoskop nicht erst im Augenblick der Geburt entsteht, sondern daß die astrologische Prägung lediglich erst durch den Augenblick der Geburt erkennbar wird:

> Die Neugeborenen sehen sehr verschieden aus und entsprechen schon rein physisch bei ihrer Geburt ihrem Horoskop.
>
> Die Ungeborenen haben schon im Bauch ihrer Mutter ein ganz unterschiedliches Temperament, das mit ihrem zukünftigen Horoskop übereinstimmt (das sind natürlich nur vage Anhaltspunkte).
>
> Die Annahme, daß in dem Geburtsaugenblick die Planeten sozusagen das Horoskop, also den Charakter des Neugeborenen, wie auf ein „weißes Blatt" malen, widerspricht vollständig den übrigen Erfahrungen mit der Welt, die aus kontinuierlichen Vorgängen und aus Folgen von Ursachen und Wirkungen besteht.

Es scheint somit recht wahrscheinlich, daß das Horoskop eines Neugeborenen bereits vor dessen Geburt festliegt und daß dieses Horoskop lediglich erst durch den Geburtszeitpunkt für den Astrologen erfaßbar wird. Das Wesen des Neugeborenen, das durch das Horoskop, also durch die Analogie zu dem Planetenstand erfaßbar wird, entsteht nicht erst im Geburtsaugenblick, sondern hat sich kausal seit der Zeugung des Neugeborenen zu dem entwickelt, was das Horoskop dann beschreibt.

Dadurch stellt sich natürlich sofort die Frage, woher das Horoskop kommt, was die Vorgeschichte des Horoskopes ist, was die Elemente sind, die zu der Wahl eines bestimmten Geburtszeitpunktes führen usw. Es ist also notwendig, den Blick auf das Horoskop zu erweitern:

Das Horoskop hat eine Vorgeschichte.

Diese Vorgeschichte und ihr Ausgangspunkt sind offensichtlich für die richtige Einschätzung des Wesens und der Bedeutung eines Horoskopes und somit auch für das Verständnis der Reinkarnation von großer Bedeutung.

Was ist schon vor dem Horoskop da? Die befruchtete Eizelle, die Eltern, die Kultur, die Erlebnisse des Ungeborenen im Bauch seiner Mutter …

Was könnte das Element sein, von dem die Wahl des Horoskops ausgeht? Oder ist das ein reiner Zufall? Das scheint eher unwahrscheinlich, weil sich im Mutterleib etwas aufbaut, das dann durch den Geburtszeitpunkt sichtbar wird. Das bedeutet, daß Ereignisse stattfinden, die zu einer Wirkung führen, die bereits festliegt – eben das Horoskop.

Man könnte natürlich argumentieren, daß alle Beobachtungen an dem Ungeborenen so vage sind, daß sie zu einem jeden Horoskop passen würden, aber zum einen sind diese Beobachtungen nicht derartig vage, und zum anderen ist ein Horoskop ja sehr markant und die Annahme, daß sich jedes Kind schon irgendwie in sein Horoskop fügen wird oder daß das Horoskop erst im Geburtsaugenblick dem Neugeborenen eingeprägt wird, widersprechen den übrigen Erfahrungen mit der Welt.

Das Entwicklung des Ungeborenen auf ein bestimmtes Horoskop und somit auf einen bestimmten Geburtszeitpunkt hin ist ein Vorherbestimmtsein des Horoskopes – und das Horoskop bestimmt seinerseits die Ereignisse in dem späteren Leben des Neugeborenen.

Nicht nur der Charakter und das Leben eines Menschen sind durch sein Horoskop festgelegt, auch sein Horoskop selber ist schon vor seiner Geburt festgelegt.

Das Element, daß die Wahl des Horoskopes und die Vorgänge auswählt oder steuert, die zu der Geburt zu einem bestimmten Zeitpunkt und an einem bestimmten Ort führen, sollte nach den bisherigen Betrachtungen die Seele sein, also das Element im Menschen, das die Verbindung zwischen zwei Leben ist, also der rote Faden, auf den die Perlen der einzelnen Leben aufgereiht sind.

Die Existenz des Horoskopes weist natürlich nicht die Existenz der Seele nach, aber da es ein Element zu geben scheint, das das Horoskop wählt oder erschafft, ist es naheliegend anzunehmen, daß dieses Element mit dem „Seele" genannten Element aus den bisherigen Betrachtungen über die Tulkus, die Homöopathie, die Familienaufstellungen usw. identisch ist.

Man könnte die Seele im Zusammenhang mit dem Horoskop als die Eichel auffassen, die unter der Erde keimt (Schwangerschaft), dann durch die Erdoberfläche in die Welt hinauskommt (Geburt) und schließlich zu einer großen Eiche wird (Leben).

Der interessante Punkt im Zusammenhang mit dem Horoskop ist offenbar, zu erkennen, ob man selber aus einer Eichel, einer Buchecker, aus einem Birkensamen oder gar aus einer Kokosnuß entstanden ist.

Diese „Same" ist auch die Essenz und die Ursache für die Wahl des Horoskops. Es ist natürlich anzunehmen, daß dieser „Same" nicht schon die letzte Ursache überhaupt ist, aber sie wird das prägende Element für das Leben sein – sozusagen der Ausgangspunkt für das Leben und daher auch für das Horoskop des betreffenden Menschen.

Die Seele wählt das Horoskop aus, um sich selber auszudrücken.

Das Horoskop beschreibt das gesamte Leben durch eine einzige Graphik – das Horoskop. Das bedeutet, daß das Leben eines Menschen selbstähnlich ist, d.h. daß alle Teile eines Lebens, also alle Erlebnisse aus einem Guß sind und durch dieselben Prinzipien gestaltet werden. Diese Selbstähnlichkeit ist ein Merkmal aller lebenden Strukturen und aller Lebewesen.

So kann man z.B. in den Handlinien, in dem Zustand der Fußreflexzonen, in der Farbe der Iris des Auges, in der Form des Ohres usw. überall dieselben Merkmale finden. Alle Teile eines Menschen sind durch dasselbe Prinzip geprägt – wie sollten sie sonst auch zusammenwirken können?

Diese Selbstähnlichkeit zeigt, daß die Seele einen einheitlichen, organischen Willen hat, also einen in sich stimmigen Entwurf für ihre nächste Inkarnation, in dem alle Teile in Resonanz mit allen anderen Teilen stehen, weil alle Teile aus demselben Impuls heraus erschaffen worden sind – der durch das Horoskop faßbar wird.

Systeme, in denen alle Bestandteile selbstähnlich sind und die somit „organische Systeme" sind, sind aus einem einzigen Anfangspunkt oder einem einzigen Anfangsimpuls heraus entstanden, der sich dann nach den Regeln der Analogie-Ordnung ausdifferenziert hat. Dadurch ist in allen Teilen dieses Systems derselbe Anfangsimpuls enthalten, der sich auch in allen seinen Teilen auf dieselbe Weise weiterentwickelt hat. Das führt dann letztlich zu der Selbstähnlichkeit aller Teile des Systems.

Der Anfangspunkt eines Menschen wird in diesem Buch „Seele" genannt und der Anfangsimpuls „Absicht der Seele".

Die Seele erschafft das Leben als einen organischen Gesamtentwurf, in dem alle Teile selbstähnlich sind und in Resonanz miteinander stehen. Dieser Gesamtentwurf wird durch das Horoskop sichtbar.

Die Astrologie zeigt, daß die Welt nicht nur kausal, sondern auch durch Analogien geordnet ist. Innerhalb eines Weltbildes, das sich zugleich kausal und symmetrisch in Analogien entfaltet, erscheint eine einheitliche Quelle für „organische analoge Strukturen" wie ein Horoskop unumgänglich, da Symmetrien stets durch eine von Analogien geleitete Differenzierung aus einem einzigen Punkt heraus entstehen. Dieser eine „schöpferische Punkt" ist bei einem Menschen dessen Seele.

(Eine ausführlichere Betrachtung zu den Themen in diesem und in dem folgenden Kapitel findet sich in meinem Buch „Horoskop und Seele".)

IV 3. Das Vorhersehen der Zukunft

Seher und Seherinnen sind ein fester Bestandteil der meisten Kulturen. Sie sind insbesondere bei den indogermanischen Völkern weit verbreitet. Der heute übliche deutsche Begriff ist „Hellseher" oder „Hellseherin".

Die tibetischen Tulkus sagen ihre eigene nächste Inkarnation voraus – die Hellseher sagen zu einem beliebigen Thema voraus, was geschehen wird.

Auch die Astrologie, insbesondere die mittelalterliche Astrologie in Europa und die heutige jyotische (indische) Astrologie beschreibt nicht nur Charakterstrukturen, sondern sagt ganz konkrete Ereignisse voraus. Es hat also den Anschein, als ob nicht nur die Struktur des Charakters bereits definiert wäre, sondern auch die konkreten Ereignisse im Leben eines Menschen.

Dies wird durch die Möglichkeit bestätigt, Ereignisse vorhersehen zu können. Diese Aussage wird natürlich erst dann zu etwas Realem, wenn man es entweder selber mehrmals erlebt hat oder wenn man jemanden kennt, der dazu in der Lage ist.

Bei diesem Vorhersehen der Zukunft lassen sich acht Möglichkeiten unterscheiden:

1. die Wahrnehmung a) im Traum und b) im Wachen,
2. a) die absichtliche und b) die unabsichtliche Wahrnehmung,
3. die Wahrnehmung a) der nahen und b) der fernen Zukunft, sowie
4. die Wahrnehmung von a) persönlichen Erlebnissen oder von b) allgemeinen Ereignissen.

Diese insgesamt acht Möglichkeiten weisen z.T. deutliche Unterschiede auf:

1. Traum und Wachen

1. a) Bei „Wahrträumen" erinnert man sich morgens an einen Traum, in dem man Dinge gesehen hat, die man dann meistens im Laufe des gerade angebrochenen Tages erleben wird. Das „Vorher-Träumen" von Dingen, die erst später als an dem gerade angebrochenen Tag stattfinden, ist deutlich seltener.

1. b) Das Vorhersehen von Ereignissen im Wachzustand ist recht vielfältig und wird in den folgenden drei Punkten (sechs Möglichkeiten) beschrieben.

2. absichtliche und unabsichtliche Wahrnehmung

2. a) Man kann absichtlich schauen, ob man erkennen kann, was in der Zukunft geschehen wird. Dies fühlt sich ganz ähnlich an wie der Versuch, sich an etwas zu erinnern, das man halb vergessen hat – nur daß man in die Zukunft schaut und nicht in die Vergangenheit.

Das Ergebnis dieses Schauens ist oft nur eine vage Ahnung oder enthält nur einen Teilaspekt wie z.B. zwar den genauen Zeitpunkt, aber nur eine ungefähre Beschreibung des Ereignisses (oder umgekehrt).

Es gibt natürlich nicht nur dieses eher schemenhafte Sehen, sondern auch die Möglichkeit, ein sehr genaue Bild zu erhalten – dazu ist in der Regel jedoch einige Übung erforderlich.

2. b) Manchmal sieht man plötzlich etwas vor sich, was später geschehen wird. Diese ungeplanten Einsichten in die Zukunft haben meistens eine sehr scharfe Kontur und sind oft auch in dem Bereich dessen, was man sieht, recht detailreich.

3. nahe und ferne Zukunft

3. a) Wenn man Ereignisse in naher Zukunft vorhersieht, ist dies oft so ein Gefühl, als ob man in einem Fluß schwimmen und spüren würde, wo er hinfließt. Man nimmt sozusagen die Dinge wahr, deren Wurzeln in der Gegenwart liegen und die sich bereits aus ihnen heraus am entfalten sind – wie z.B. die innere Wahrnehmung einer Person, die man an der nächsten Wegkreuzung treffen wird.

3. b) Ereignisse in ferner Zukunft stehen oft etwas „unmotiviert" da und es ist unklar, wie und warum es zu diesen Ereignissen kommen wird. Die Wirkung dieses Ereignisses auf einen selber ist hingegen meistens deutlich.

4. persönliche und allgemeine Themen

4. a) Das Vorhersehen von Ereignissen aus dem eigenen Leben fühlt sich ein bißchen wie ein Teil der eigenen Psyche an – sie sind etwas Verwandtes, Vertrautes, auch wenn man es noch nicht erlebt hat, da man sich ja „an die Zukunft erinnert" und nicht an die Vergangenheit.

4. b) Das Vorhersehen von Ereignissen, die eine größere Zahl von Menschen oder ein ganzes Volk betreffen (wie z.B. politische Wahlen), haben oft einen markanten Charakter – insbesondere, wenn sie spontan kommen. Sie können so real sein wie ein Baum, vor dem man steht – und auch genauso unzweifelhaft und unumstößlich.

Diese Art von Vorhersehen kann ein sehr eindrückliches Erlebnis sein.

Aus dieser Art von Erlebnissen ergibt sich, daß die Seele das eigene Leben offenbar nicht nur in den allgemeinen Linien oder nur in der Struktur (Horoskop), sondern auch ganz konkret im Detail geplant hat.

Das eigene Leben ist offenbar wie ein fertig geschriebenes Buch, durch dessen Seiten das Bewußtsein im Laufe seines Lebens reist. Man kann in diesem Buch auch einmal zu früheren Seiten zurückkehren und „sich erinnern" (sogar an die eigene Geburt und die eigene Zeugung), aber man kann natürlich auch mal ein paar Seiten vorausblättern, um zu schauen, was noch kommen wird.

Wenn das eigene Leben in dieser Form festgelegt ist und demnach auch die Leben der anderen Menschen in dieser Form festgelegt sein werden, müssen diese Festlegungen miteinander koordiniert worden sein – schließlich leben wir alle in derselben Welt.

Dies entspricht der kombinierten Ordnung der Welt durch die Kausalität und durch die Analogien, aus der sich eine symmetrische Entfaltung ergibt, in der alle Elemente in einem sinnvollen Zusammenhang miteinander stehen.

Auch die Möglichkeit, kollektive Ereignisse vorhersehen zu können, zeigt, daß es einen solchen „Masterplan" geben muß:

Die eigene Lebensgeschichte ist ein Kapitel in einem sehr großen Buch, das die Geschichte der Welt beschreibt.

Daraus ergibt sich weiterhin, daß die Seelen in irgendeiner Weise miteinander kooperieren und sich miteinander verabreden.

Den „Masterplan" kann man als den kollektiven Plan der Seelen auffassen, aber man wird wohl auch davon ausgehen müssen, daß diese Koordination aller Seelen nur dann möglich sein kann, wenn es eine gemeinsame Quelle aller Seelen gibt – auch hier wird sich das sinnvolle Zusammenwirken aus der symmetrischen Entfaltung aus einem gemeinsamen Ursprung heraus ergeben haben. Wenn man möchte, kann man diese Quelle „Gott" nennen.

Die Betrachtung dieser „Masterplans" geht zwar schon deutlich über das Ergründen des Horoskopes und der Reinkarnation hinaus, aber er bildet deren Hintergrund, da ohne ihn kaum denkbar wäre, daß all die vielen Seelen, d.h. all die vielen Menschen, die auf der Erde zusammenleben, alle das erleben könnten, was diese vielen Seelen sich vorgenommen haben. Das ist ohne eine umfassende Koordination nicht möglich. Die Einzelabsichten der Seelen müssen Teile eines großen Ganzen sein: Die eigene Lebensgeschichte ist ein Handlungsstrang in einer sehr großen Geschichte, in der alle Handlungen miteinander verwoben sind.

Dieser „Masterplan" wird mit dem „kollektiven Bewußtsein" identisch sein, das durch die homöopathischen Heilmittel, die Familienaufstellungen und durch die Fähigkeiten der Tulkus sichtbar wird. Die Betrachtung der Möglichkeiten der Astrologie und des Vorhersehens der Zukunft fügen der Beschreibung dieses „kollektiven Bewußtseins" noch hinzu, daß es nicht nur von der Gegenwart aus in die Vergangenheit zurückreicht, sondern daß es genauso von der Gegenwart aus in die Zukunft hineinreicht.

Dieser „Masterplan" muß auch die „Bücher des Lebens" der Tiere, Pflanzen und Mineralien enthalten, um funktionieren zu können:

Es gibt ein alle Dinge und Ereignisse in der Vergangenheit, in der Gegenwart und in der Zukunft umfassendes „Großes Buch des Lebens".

IV 4.   Die Zeit in der Physik

Diese Betrachtungen über den bereits festliegenden „Masterplan" für den Lauf des Lebens erinnern an eins der Ergebnisse aus Einsteins Relativitätstheorie: Raum und Zeit sind nichts grundlegend verschiedenes, sondern sie sind vier Dimensionen, in denen man sich bewegen kann.

Die normale Alltagserfahrung suggeriert, daß der Raum fest ist und die Zeit kontinuierlich und immer gleich schnell verläuft (nur wenn man etwas fürchtet, wird sie „schneller" und wenn man etwas erhofft „langsamer" …).

Die Experimente, die zum Nachweis der Richtigkeit der Relativitätstheorie durchgeführt worden sind, sowie viele davon unabhängige Beobachtungen haben jedoch gezeigt, daß auf einer Uhr, die sich sehr schnell bewegt (z.B. in einem Raumschiff), weniger Zeit vergeht als auf auf einer Uhr, die ruhig an einem Ort bleibt.

Das bedeutet, daß die Zeit, die für einen Menschen oder einen Gegenstand verstreicht, davon abhängt, wie schnell sich dieser Mensch oder dieser Gegenstand bewegt. Je höher die Geschwindigkeit, desto weniger Zeit vergeht – „Bewegung hält jung."

Wenn sich die Geschwindigkeit eines Gegenstandes der Lichtgeschwindigkeit annähert, verstreicht kaum noch Zeit für diesen Gegenstand. Man kann mit einiger

Berechtigung vermuten, daß für das Licht, das sich ja mit Lichtgeschwindigkeit bewegt, keine Zeit mehr vergeht, sondern daß das Licht sich sozusagen in der Ewigkeit befindet.

Der interessante Punkt an dieser Beobachtung ist, daß der Lauf der Zeit nicht so gleichförmig ist, wie es die Alltagserfahrung zu zeigen scheint, und daß es in Form des Lichtes sehr wahrscheinlich ein zeitloses Element in unserer Welt gibt.

Diese kurze Betrachtung ist natürlich in keiner Weise ein Beweis, daß auch die Physik die Möglichkeit der „Zeitreise" enthält, aber sie zeigt immerhin, daß die Zeit nicht so starr und fest ist, wie sie zu normalerweise zu sein scheint. Es ist daher denkbar, daß es eines Tages ein Gesamtmodell unserer Welt geben wird, in dem auch das Vorhersehen der Zukunft und die physikalischen Gesetze Teil einer einzigen, umfassenderen Weltbeschreibung sein werden.

Es ist recht wahrscheinlich, daß die „kollektive Erinnerung" in irgendeiner Weise mit dem „zeitlosen" Licht, das sozusagen in der Ewigkeit ruht, verbunden ist.

Auch alle Visionen über diesen „ewigen, zeitlosen Bereich" beschreiben ihn als reines Licht …

IV 5. Ergebnisse

Es lassen sich an mehreren Stellen Erinnerungen an an frühere Dinge, Zustände und Ereignisse finden, die außerhalb der persönlichen Erinnerung des Menschen, Tieres, der Pflanze oder des Gegenstandes liegen, der auf diese Erinnerung Zugriff hat. Dieses Phänomen tritt sehr deutlich in Familienaufstellungen und in der Homöopathie sowie bei Hellsehern und bei den Tulkus auf.

Die Fähigkeiten der Hellseher und der Tulkus sowie die Astrologie zeigen zudem, daß in derselben Weise, wie die Vergangenheit erfaßt werden kann, auch die Zukunft erkannt werden kann.

Das absichtliche Vorhersehen der Zukunft fühlt sich genauso an wie Erinnern – nur daß die Richtung eine andere ist.

Aus der Astrologie, die auch das Vorhersagen der zukünftigen Ereignisse ermöglicht, sowie aus den Fähigkeiten der Seher und der Tulkus ergibt sich, daß die Zukunft bereits festliegt. Das bedeutet, daß es ein „Buch des eigenen Lebens" gibt, daß sehr wahrscheinlich von der Seele für ihre anstehende Inkarnation verfaßt wird.

Die ganzen persönlichen „Bücher des Lebens" der vielen Menschen müssen jedoch Teil eines umfassenden „Großen Buchs des Lebens" sein, da sich Ereignisse, die in den diesen Büchern stehen, ja nur dann auch wirklich ereignen können, wenn die ganzen persönlichen „Bücher des Lebens" miteinander koordiniert worden sind.

Daraus ergibt sich wiederum, daß nicht jede Seele einzeln über ihr nächstes Leben entscheidet, sondern daß auch der Wille der Seelen miteinander koordiniert ist.

Diese „allgemeine Koordination" bestätigt auch die begründete Vermutung, daß das Horoskop nicht nur das Leben festlegt, sondern daß auch das Horoskop selber schon lange vor der Geburt festgelegen hat.

Diese Erkenntnisse führen wieder zu einem kollektiven Bild, das der „kollektiven Erinnerung" gleicht, die bei der Homöopathie und bei den Familienaufstellungen beobachtbar ist.

Die Kombination der kausalen Entwicklung und der Analogie-Ordnung führt dazu, daß die Dinge, die aus einem Punkt heraus entstehen, selbstähnliche Strukturen entwickeln. Ein solcher selbstähnlicher Organismus ist z.B. der Mensch, dessen einzelne Teile einander gleichen. Das Gestaltungsprinzip dieser Selbstähnlichkeiten läßt sich mithilfe des Horoskops beschreiben.

Diese Selbstähnlichkeit führt dazu, daß alle Teiles eines Organismus zueinanderpassen:

Die Selbstähnlichkeit wird, wenn sie von einem Menschen bewußt bejaht und gelebt wird, zu innerem Frieden, Selbstliebe und Schönheit.

Die in einem früheren Kapitel beschriebene symmetrische Entwicklung der Welt ist der umfassendste Fall der Entstehung einer solchen Selbstähnlichkeit.

Da sich diese Selbstähnlichkeit an jedem Menschen und auch an jedem anderen Organismus beobachten läßt, folgt daraus, daß jeder Mensch aus einem Punkt heraus entstanden sein muß. Dieser „Schöpfungspunkt" ist offensichtlich die Seele.

Der Entwurf eines einzelnen Lebens geschieht zwar aus der Seele heraus, die der schöpferische Ursprungspunkt dieses Lebens ist, aber diese Seele ist in der Wahl dessen, was sie erschafft, offenbar nicht vollkommen ungebunden, da die Notwendigkeit besteht, die „Bücher des Lebens" aller Menschen miteinander in dem „Großen Buch des Lebens" zu koordinieren.

Diese Beobachtungen stehen daher schon recht nahe an solchen Reinkarnations-Konzepten wie dem Dharma (die grundlegende Ordnung in der Welt) und dem Karma (die den Entwurf für das anstehenden Leben prägenden Vorbedingungen).

Die Ereignisse der Vergangenheit und der Zukunft lassen sich beide durch das Bewußtsein erfassen.

Das Leben eines Einzelnen steht (bildhaft gesprochen) bereits in dem „Buch des Lebens", das die Seele verfaßt hat, geschrieben – eine Kurzform dieses Buches ist das Horoskop.

Diese persönlichen „Bücher des Lebens" sind Teil des „Großen Buchs des Lebens", in dem alle diese einzelnen Bücher koordiniert sind – was bedeutet, daß die Leben der einzelnen Menschen Teil eines großen „Masterplans" sind, der mit der „kollektiven Erinnerung", auf der u.a. die Homöopathie beruht, identisch ist.

Die Kombination von Kausalität und Analogie führt bei allen Systemen, die aus einem Punkt heraus entstehen, zur Selbstähnlichkeit aller Teile dieses Systems. Die Qualität dieser Selbstähnlichkeit eines Systems wird durch ihr Horoskop beschrieben.

V   Die Seele in Religion und Magie

Die Astralreise bei einem Nahtod-Erlebnis ist sehr wahrscheinlich das früheste religiöse Erlebnis gewesen – vermutlich sogar das Fundament jeglicher Religion: Es zeigte den Menschen, daß sie mehr waren als nur ihr Leib.

V 1.   Der Seelenvogel

Bereits in der späten Altsteinzeit ist ein solches Erlebnis dargestellt worden und auch in der frühen Jungsteinzeit und im Königtum finden sich Darstellungen von Astralreisen und der Seele.

Das älteste religiöse Symbol neben der Mutter-Statuette ist der „Vogel-Stab", der die Seele darstellt. Die Seele ist in der bildhaften Darstellung ein Vogel, da man bei der Astralreise „wie ein Vogel" über sich selber schwebt und sich von oben her betrachten kann.

Die Botschaft des Vogelstabes, der sich in allen frühen Kulturen findet, lautet: „Du hast eine Seele! Der Tod ist nicht das Ende!"

Aus dem Vogel-Stab wurde durch das hinzufügen weiterer Jenseits-Symbole wie dem Körper dessen, zu dem die Seele gehört, seinem Krafttier, der Muttergöttin usw. schließlich der vor allem von den Indianern bekannte Totempfahl, der jedoch auch in sehr vielen anderen Kulturen vorhanden ist.

Jagdunfall: Toter und sein Seelenvogel auf einem Stab;
Höhle von Lascaux, Südfrankreich, 16.000 v.Chr.

Totempfahl: Mensch mit Seelenvogel hinter seinem Kopf; Nevali Cori, 8500 v.Chr.

Pharao Chephren mit Seelenvogel hinter seinem Kopf; Ägypten, 2550 v.Chr.

Mumie und Seelenvogel; ägyptisches Totenbuch, 1800 v.Chr.

V 2. Schamanismus: Astralreise und Kundalini

Die Astralreise ist eng mit einem zweiten magisch-spirituellen Erlebnis verbunden: der Kundalini. Dies liegt daran, daß der Weges, auf dem man mithilfe von Meditationen u.ä. zu dem Erlebnis der Astralreise gelangen kann, auf den ersten 80% mit dem Weg, der zu dem Erleben der Kundalini führt, identisch ist.

Da die früheste Religionsform, die bis in die Jungsteinzeit hinein dauerte, der Schamanismus gewesen ist und die Schamanen Menschen sind, die bei einem Nahtod ihren Körper verlassen haben und anschließend gelernt haben, dieses Erlebnis willentlich zu wiederholen, sind die Schamanen Spezialisten für die Astralreise. Da Spezialisten für die Astralreise auch die Erlebnisse in der Nähe der Astralreise kennengelernt haben werden, war ihnen auch die Kundalini bekannt.

Die Kundalini wird als ein inneres Feuer erlebt. Diese Erfahrung hat drei Stufen und wird in vielen verschiedenen Kulturen beschrieben.

Die erste Stufe ist ein angenehmes und belebendes „elektrisches, funkelndes Prickeln", das vom Unterleib ausgeht.

Die zweite Stufe ist eine Hitze, die ebenfalls vom Unterleib ausgeht und den Körper einhüllt. Sie wird als schützend empfunden. Die Lamas in Tibet nutzen diese Stufe, um bei ihren Meditationen nicht zu frieren.

Die dritte Stufe ist schließlich ein konzentriertes Glühen, daß entweder im untersten Chakra zwischen Genitalien und After oder im Sonnengeflecht eine Handbreit oberhalb des Nabels beginnt und „mit der Geschwindigkeit einer kriechenden Schildkröte" (wie es in den indischen Texten so schön und treffend heißt) im Körper nach oben aufsteigt.

Schließlich fließt dieses Feuer in einer Konvektionsströmung durch den Körper: Er steigt wie der Strahl eines Springbrunnens in der Körpermitte nach oben, dann entfaltet er sich oberhalb des Kopfes zu einer Fontaine, tropft dann außerhalb des Körpers nach unten, sammelt sich unter dem Leib wieder und steigt dann erneut auf.

Diese drei Stufen der Kundalini sind die intensivste Form, in der man die eigene Lebenskraft erleben kann.

am Hinterkopf aufsteigende Kundalini;   *Buddha mit hinter seinem Kopf*
Nevali Cori, 8500 v.Chr.   *aufsteigender Kundalini*

Die Intensität dieses Erlebnisses eines „im Körper fließenden Feuers" läßt das Lebenskraft-Modell sehr plausibel erscheinen – auch wenn man mithilfe dieses Modelles keineswegs alle Phänomene beschreiben kann.

Wegen des Erlebnisses des „fließenden Feuers" wird die Lebenskraft in Afrika auch „Lebensfeuer" („Kalif") genannt.

Das Erlebnis des Kundalini-Feuers zeigt, daß die Lebenskraft für manche Vorgänge das am besten geeignete Bild ist.

Die Kundalini ist sozusagen der „Kreislauf" im menschlichen Lebenskraftkörper. Die Chakren sind hingegen die „Organe" des Lebenskraftkörpers. Auch mit ihnen sind bestimmte Erlebnisse verbunden.

Die Chakren und ihre Hauptmerkmale sind in ihrer Reihenfolge von oben nach unten:

Die Chakren

Chakra	Lage	Empfindung	Wirkung	heiler Zustand
Scheitel-chakra	Scheitelmitte	prickelndes Strahlen und Aufwölben	Einheits-Erlebnis	geistiger Kontakt
Drittes Auge	zwischen den Augenbrauen	leicht pulsierender Druck	Erkenntnis	Orientierung im Außen
Hals-chakra	Kehlkopf	sanftes Leuchten	Kontakt-freude	ungehinderter sozialer Selbstausdruck
Herz-chakra	Brustmitte	Liebe-erfülltes Leuchten	„Tempel der Seele"	Identität
Sonnen-geflecht	unter dem Rippenbogen	elektrisches Prickeln	Bewegungs-freude	ungehinderter körperlicher Selbstausdruck
Hara	kurz unterhalb des Nabels	stille, pulsierende Wärme	innerer, physischer Halt	Halt im Innen
Wurzel-chakra	zwischen Genitalien und After	glühendes Winden („Schlange")	Lebendig-keit	körperlicher Kontakt

Aus diesen Betrachtungen ergibt sich, daß der Lebenskraftkörper, also das, was bei einer Astralreise den Körper verläßt und das Bewußtsein enthält und dann den eigenen Leib unter sich liegen sieht, eine stark differenzierte und strukturierte Form hat.

Das Bewußtsein ist offenbar mehr als nur ein „leuchtender Punkt" in der Mitte des Kopfes. Entweder hat das Bewußtsein wie der physische Leib Organe (Chakren) und einen Kreislauf (Kundalini), oder das Bewußtsein hat seinen Sitz in einem „Etwas" mit diesen Strukturen und dieser Dynamik. Dieses „Etwas" wird in diesem Buch, um ihm einen Namen zu geben, „Lebenskraftkörper" genannt.

Die bisherigen Betrachtungen lassen vermuten, daß der Vorgang der Reinkarnation recht komplex sein könnte, da auch das Bewußtsein selber oder der „Lebenskraftkörper" über eine komplexe innere Struktur (Chakren) und Dynamik (Kundalini) verfügt.

Eine ausführliche Beschreibung findet sich in meinen beiden Büchern „Der Lebenskraftkörper" und „Die Chakren".

V 3.   Schamanismus: Astralreise und Familienaufstellungen

Das zentrale Erlebnis eines Schamanen ist die Astralreise. Durch sie erlebt er sich außerhalb seines Körpers und weiß dann, daß es mehr als den Körper gibt – eben die Seele, die wegen ihres Schwebens über dem physischen Leib als „Seelenvogel" dargestellt wird.

Wenn derjenige, der eine solche Astralreise erlebt hat, die Wiederholung dieses Erlebnisses übt, sodaß er jederzeit willentlich seinen Körper verlassen kann, wird er zu einem Schamanen. Ein Schamane ist also ein Spezialist für die Seele. Die Schamanen waren die „spirituellen Spezialisten" der Altsteinzeit und der Jungsteinzeit.

In der damaligen Zeit lernte man so gut wie alles von den eigenen Eltern – Bücher, Schulen, Lehren und dergleichen hat es in der Steinzeit ja noch nicht gegeben. Daher wandte man sich in aller Regel an die Eltern, wenn man Rat und Hilfe brauchte. Wenn die Eltern gestorben waren, fiel somit der Rückhalt fort …

Die Schamanen waren durch ihr Nahtod-Erlebnis und ihre anschließenden Übungen in der Lage, mit ihrer Seele ihren Leib zu verlassen – dasselbe geschieht auch den Menschen bei ihrem Tod, die dann nur noch eine „Seele ohne Körper" sind. Daher waren die Schamanen, wenn sie ihren Körper verlassen hatten, in der Lage, Kontakt mit den Geistern der Verstorbenen aufzunehmen – sie sprachen dann sozusagen „von Seele zu Seele" mit ihnen.

Zunächst einmal findet diese Argumentation natürlich nur auf einer symbolischen Ebene statt, aber da die Schamanen auch tatsächlich in der Lage sind, auf diese Weise Rat und Hilfe für die Bittsteller zu erhalten, die zu ihnen kommen, hat sich dieses Verfahren über Tausende von Jahren hinweg erhalten können.

Diese Jenseitsreisen der Schamanen sind genaugenommen „Reisen auf die Ebene der Seelen", d.h. ein Verschieben oder eine Ausweitung des Bewußtseins auf den Bereich, der in früheren Abschnitten dieses Buches „kollektive Erinnerung" oder „Großes Buch des Lebens" genannt worden ist.

Derartige Jenseitsreisen fanden oft an den Gräbern der Toten statt, die man um Rat und Hilfe bitten wollte. Auch in Europa waren sie bis ins Mittelalter hinein weit verbreitet. Zunächst hat auch das Christentum diese Tradition noch beibehalten. So gab es z.B. sogar die Sitte, aus dem Schädel eines Heiligen zu trinken, um den Segen dieses Heiligen zu erhalten, der z.B. für die Heilung der Krankheit zuständig war, unter der der Hilfesuchende litt.

Schließlich ging die Kirche jedoch gegen derartige Trinkrituale und auch gegen die Totenbeschwörungen vor – und das aus einem ganz einfachen Grund: Wenn es den Menschen weiterhin erlaubt wäre, ihren eigenen verstorbenen Vater um Hilfe zu bitten, hätten sie es nicht mehr für so wichtig gehalten, auch Gott Vater um Hilfe zu bitten. Die konkreten verstorbenen eigenen Väter der Menschen waren die größte Konkurrenz für den einen Vater – den christlichen Gott Vater. Und diese Konkurrenz mußte beseitigt werden … was so erfolgreich umgesetzt worden ist, daß Toten-beschwörungen heute den meisten Menschen als eine der gruseligsten Dinge überhaupt erscheinen.

Da sich jedoch die Dinge, die effektiv sind, letztlich immer durchsetzen, ist der so-genannte „Ahnenkult", der ein fester Bestandteil des Schamanismus ist, mittlerweile unter dem Namen „Familienaufstellungen" wieder in unsere Kultur integriert worden.

V 4. Der Korngott und die Reinkarnation

Die frühen Ackerbauern in Mesopotamien und auch in Mittel- und Südamerika ha-ben recht schnell die Analogie zwischen dem Schicksal des Getreides und dem Leben eines Menschen entdeckt.

> Die Zeugung eines Menschen ist wie die Aussaat des Getreides.
> Die Geburt eines Menschen ist wie das Keimen des Getreides.
> Das Leben eines Menschen ist wie das Wachstum des Getreides.
> Der Tod eines Menschen ist wie die Ernte des Getreides.
> Der Aufenthalt des Menschen im Jenseits ist wie das Lagern des Getreides.

> Und was entspricht dem erneuten Aussäen und Keimen des Getreides? Das muß eine Wiedergeburt der Seele des verstorbenen Menschen im Diesseits sein …

Man könnte sich nun dazu verleiten lassen, die Entstehung der Reinkarnations-vorstellungen nur aus diesem Korn-Mensch-Gleichnis herzuleiten und damit die ge-samte Diskussion über Reinkarnation zu den Akten zu legen.

Einem solchen Vorgehen würde jedoch jegliche wissenschaftliche Lauterkeit fehlen. Man kann eine These nicht dadurch widerlegen, daß man die Art und Weise, wie sie entstanden zu sein scheint, kritisiert oder ablehnt. Die These muß aus sich heraus bestätigt oder widerlegt werden.

Davon einmal abgesehen ist es auch nicht bekannt, ob die Menschen in der frühen bis mittleren Jungsteinzeit das Korn-Mensch-Gleichnis vielleicht lediglich dazu be-nutzt haben, um eigene Erfahrungen wie Erinnerungen an frühere Leben zu beschrei-ben …

Es ist allerdings ausgesprochen naheliegend, das Bild des Korn- und Totengottes, das sich in allen frühen Ackerbaukulturen findet, als einen deutlichen Hinweis darauf aufzufassen, daß das Korn-Mensch-Gleichnis durch den Ackerbau entstanden ist und die Reinkarnations-Vorstellungen zumindestens stark gefördert haben wird.

Bei genauerer Betrachtung der alten Religionen zeigt sich jedoch, daß die Völker, die die Vorstellung einer Reinkarnation entwickelt haben, gerade Völker sind, die meist nur sehr wenig Ackerbau betrieben haben und daher keinen Toten- und Korngott gehabt haben (Indogermanen).

Hingegen haben die Völker, in deren Religion der Toten- und Korngott eine wichtige Rolle gespielt hat, keine Vorstellungen darüber, daß sich die Seelen im Diesseits wiedergeboren werden. Zu diesen Völkern zählen z.B. die Ägypter (Osiris), die Sumerer (Dumuzi) und die Indianer in Mittelamerika (Hun-Hunapu, Cinteotl).

Die Reinkarnation ist hauptsächlich von den Indogermanen bekannt und bei ihnen sind wiederum die Indern die Hauptvertreter dieser Vorstellung. Der tibetische Buddhismus hat die Reinkarnation aus dem indischen Hinduhismus übernommen. Vereinzelt finden sich Hinweise auf einen Reinkarnationsglauben auch bei den Griechen (Pythagoras, Orphiker) und bei den Kelten (Schriften des Valerius Maximus).

Ein Teil der manchmal für Hinweise auf eine Reinkarnation gehaltenen Texte der Kelten und der Germanen bezieht sich jedoch auf den Sonnengott-Göttervater Tyr der Germanen (in den drei Helgi-Liedern) bzw. auf den Sonnengott-Göttervater Dagda/ Nuada/Lugh der Kelten. Dieser Gott stirbt an jedem Abend und wird an jedem Morgen wiedergeboren – er reinkarniert sich folglich jeden Tag aufs Neue.

Im frühen Christentum bzw. im Judentum hat es ebenfalls Vorstellungen über eine Reinkarnation gegeben: In der Bibel wird Johannes der Täufer für den wiedergeborenen Propheten Elias gehalten, die von der Kirche verbotenen Katharer glaubten, daß man wiedergeboren werden könne, und in der jüdischen Mystik (Kabbala) gab es die Vorstellung einer Folge von Wiedergeburten.

Es ist interessant, daß sich die Reinkarnationsvorstellungen insbesondere in Indien, also in der Kultur entwickelt haben, in der die Jenseitsreise und die von ihr abgeleiteten Meditationen eine sehr große Rolle gespielt haben. Auch die keltischen Druiden und die jüdischen Propheten besaßen eine ausgeprägte Tradition von meditativen und magischen Methoden und Übungen. Es hat also den Anschein, als ob nicht die Korngott-Mythen, sondern die gründliche Erforschung der Innenseite der Welt zu dem Konzept der Reinkarnation geführt hätte.

Es ist somit zwar sinnvoll, das Korn-Mensch-Gleichnis und den aus ihm entstanden Korn- und Totengott zu kennen, aber beide tragen kaum zur Klärung der Frage bei, ob es die Reinkarnation gibt oder nicht.

In Europa hat sich dieses Korn-Mensch-Gleichnis nur in dem Motiv des „Schnitters" erhalten können – der Sensenmann ist ein Gerippe (Tod der Menschen), das mit seiner Sense das Getreide erntet (Tod des Getreides).

V 5. Ergebnisse

Die Astralreise und das Kundalini-Feuer sind zwei der frühesten magisch-spirituellen Erlebnisse der Menschen. Die Astralreise wurde als Seelenvogel auf einem Stab („Vogelstab") und später als Totempfahl dargestellt; die Kundalini wurde als aufsteigende Schlange abgebildet.

Die Menschen suchten noch bis ins Mittelalter hinein Rat und Hilfe bei ihren verstorbenen Ahnen, wobei die Schamanen-Seher oder die Schamanin-Seherinnen die Vermittler zwischen Diesseits und Jenseits gewesen sind.

Dieser Brauch, der eine Zeitlang etwas irreführend „Ahnenkult" genannt worden ist, ist mittlerweile in der Form der Familienaufstellungen wieder in unsere Kultur integriert worden.

Das Motiv des Korngottes hat sehr wahrscheinlich nicht zu der Entstehung der Reinkarnations-Vorstellungen beigetragen. Der Nachweis oder die Widerlegung der Existenz der Reinkarnation sollte jedoch unabhängig von der vermuteten Entstehungsgeschichte des Reinkarnations-Glaubens geschehen.

Die Reinkarnations-Vorstellungen haben sich nicht in den Korngott-geprägten Religionen, sondern bei den Indern entwickelt, die die inneren Welten sehr gründlich und über lange Zeit hinweg erforscht haben.

Die Kundalini und die Chakren zeigen, daß entweder das Bewußtsein eine komplexe Struktur mit den Chakren als Organen und mit der Kundalini als Kreislauf hat, oder daß es zwischen dem Bewußtsein und dem materiellen Körper noch eine weitere Organisationsform im Menschen gibt, die diese Strukturen und diese Dynamik enthält („Lebenskraftkörper").

Die Chakren sind die Organe und die Kundalini der Kreislauf des „Lebenskraftkörpers". Diese „Lebenskraft" ist entweder ein Aspekt des Bewußtseins oder eine nicht-materielle „Substanz" zwischen dem Leib und dem Bewußtsein.

Die Reinkarnation tritt nicht bei den Völkern mit einem Toten- und Korngott auf, sondern bei den Indern, die die inneren Welten gründlich erforscht haben.

VI Kausalität und Analogie

In diesem Kapitel werden diese beiden grundlegenden Ordnungsprinzipien der Welt noch einmal genauer in Bezug auf die Reinkarnation betrachtet.

VI 1. Reinkarnation und Analogie

Die Reinkarnation ist zunächst einmal ein kausaler Vorgang, da er eine Entwicklungslinie in der Zeit darstellt: Das aktuelle Leben eines Menschen ist die Fortführung eines vergangenen Lebens dieses Menschen in einem früheren Körper.

Eine Analogie ist hingegen die Übereinstimmung mehrerer Elemente eines Systems zu demselben Zeitpunkt. Die Reinkarnation läßt sich somit nicht aus dem Analogieordnungs-Aspekt unserer Welt ableiten.

Die Reinkarnation setzt die Existenz einer übergeordneten, nicht-materiellen Verbindung zwischen den Bestandteilen der Welt voraus – also eine Seele, die den Faden für die Perlen ihrer einzelnen Leben bildet.

Die Analogie-Ordnung der Welt, auf der u.a. die Astrologie und die Homöopathie beruhen, zeigt jedoch, daß es ein übergeordnetes „kollektives Bewußtsein" gibt.

Die Analogieordnung der Welt weist somit nach, daß eine wesentliche Voraussetzung der Reinkarnations-Lehre existiert: ein Bewußtsein, das nicht an einen Körper gebunden ist und dessen Erinnerung weit in die Vergangenheit zurück reicht.

Dabei ist es interessant, daß diese Erinnerung nicht nur bei Menschen vorhanden ist (Telepathie, Familienaufstellungen, Hellsehen), sondern auch bei Tieren, Pflanzen und Mineralien (Homöopathie).

VI 2. Karma

Mit den vorigen Überlegungen ist eng die Frage verbunden, worin die Verbindung zwischen zwei Leben besteht.

Das einfachste Bild ist sicherlich die Analogie zu Wachen und Schlafen: Der Tod ist für die Seele wie ein Einschlafen und die Geburt ist für sie wie ein Aufwachen. Die Seele führt dabei ihr Leben genauso weiter wie ein Mensch, der am Morgen dort weitermacht, wo er am Abend aufgehört hat.

Es ist natürlich zunächst einmal keineswegs sicher, daß dieses Gleichnis in dieser Weise auch zutreffend ist. Aus der kausalen Weltordnung ergibt sich jedoch immerhin, daß sich nichts einfach in Nichts auflöst, sondern daß alles eine Wirkung hat und sich kontinuierlich weiterentwickelt. Daher wird man davon ausgehen können, daß auch die Seele eine solche kontinuierliche Entwicklung durchläuft.

Das, was dabei von dem Ende des einen Lebens auf den Beginn des nächsten Lebens übertragen wird, wird im allgemeinen „Karma" genannt.

Es stellt sich dabei die Frage, wie dieses Karma von dem einen auf das andere Leben übertragen wird. Dieser Vorgang ist offensichtlich nicht-materiell. Man wird davon ausgehen können, daß er von denselben Prinzipien geprägt wird, wie z.B. auch die Erinnerung einer heute lebenden Bärlapp-Pflanze, die ihre gesamte, 200.000.000 Jahre währende Geschichte kennt (wie die Wirkung der aus dem Bärlapp hergestellten homöopathischen Arzneien zeigt).

Auch das Prinzip, auf dem die Übertragung der Informationen von einem früheren Leben auf das darauf folgende Leben beruht, steht nicht als Einzelphänomen in der Welt da, sondern findet sich an mehreren Stellen: in der Reinkarnation, in der Homöopathie und auch in der Telepathie, in Familienaufstellungen und bei den Hellsehern.

VI 3. Ergebnisse

Sowohl der „rote Faden" der Seele, auf den sich die einzelnen Leben wie Perlen aufreihen, als auch die Übertragung der Informationen vom Ende eines Lebens auf den Anfang des ihm folgenden Lebens hat Parallelen in der Homöopathie, den Familienaufstellungen, der Telepathie und den Hellsehern.

Die Erhaltung der Informationen ist ein kausaler Vorgang, das „kollektive Bewußtsein" ist hingegen eng mit der Analogie-Ordnung der Welt verbunden.

VII Varianten der Reinkarnation

Die übliche Vorstellung über die Reinkarnation ist die Seele, die sich immer wieder neu inkarniert. Dies ist jedoch nicht das einzige denkbare Modell.

VII 1. Reinkarnations-Modelle

Es lassen sich zumindestens drei verschiedene Modelle entwerfen, wenn man als Voraussetzung von der Existenz einer Seele sowie von der Erhaltung der Erinnerung sowie der Wirkung der früheren Leben auf das neue Leben ausgeht.

1. Das erste Modell ist die allgemein übliche Vorstellung der Seele, die sich immer wieder neu inkarniert und deren Leben Perlen an dem Faden dieser Seele bilden – sozusagen die einzelnen „Tage" in dem „Leben" dieser Seele.

2. Das zweite Modell hebt die Annahme auf, daß die Seele sozusagen ein einzelner Faden ist und sich daher zu jeder Zeit immer nur einmal inkarnieren kann. In diesem Modell kann sich die Seele gleichzeitig mehrmals inkarnieren. Diese gleichzeitigen Seelen-Inkarnationen könnten daher ihren „Geschwistern" begegnen.

3. Das dritte Modell unterscheidet sich kaum von dem zweiten Modell. Die einzige Differenzierung besteht in der Frage, wie stabil die konkrete Erinnerung an ein Leben und der vom ihm ausgehende Impuls ist:

a) Bleibt er vollständig erhalten und inkarniert er sich als Einheit neu? Dann wäre das erste Modell zutreffend.

b) Kann es einen Austausch zwischen den gleichzeitigen Inkarnationen einer Seele geben? Dann wäre das zweite Modell von „Gruppen-Inkarnationen" zutreffend.

c) Lösen sich die Erfahrungen der parallelen Inkarnationen in einen „Gesamt-Pool" auf, aus dem heraus dann die neuen Inkarnationen der Seele entstehen? Dies wäre dann das dritte denkbare Modell, in dem es dann keine „persönliche Reinkarnation" gäbe, sondern nur die „Reinkarnation von jeweils einem Teil aller bisherigen Erfahrungen".

Der Grund dafür, diese verschiedenen Modelle zu entwerfen, ist ein Erlebnis, das ich selber gehabt habe, und das auch ein Teil der Menschen gehabt hat, mit denen ich eine „Traumreise zur eigenen Mitte" unternommen habe.

Nachdem jemand auf einer solchen Traumreise zu der eigenen Seele gelangt ist, hat er manchmal den Impuls, noch weiter zu gehen. Dabei stößt er dann auf eine Gruppe von Wesen, die seiner eigenen Seele, die er gerade gefunden hat, sehr ähnlich sind – die Gruppe ist wie ein Kreis von Geschwistern, in die der Traumreisende aufgenommen wird.

Es stellt sich die Frage, wer diese Wesen sind: Geschwister seiner eigenen Seele? Andere gleichzeitige Inkarnationen der eigenen Seele? Oder die früheren Inkarnationen der eigenen Seele?

Diese Fragen später in einem späteren Kapitel weiterverfolgt.

VII 2. Karma

Neben der Frage, wie die Informationen und Impulse von einem Leben zu dem nächsten Leben übertragen werden, stellt sich auch die Frage, was dabei eigentlich übertragen wird, also woraus das übertragene „Karma" besteht.

Das einfachste Modell wäre, daß alles übertragen wird: die Erinnerung, die ungelösten Traumas, die Freundschaften, die Feindschaften, die Fähigkeiten … Dieses einfache Modell widerspricht jedoch der Erfahrungen, da sich die Menschen in aller Regel nicht an ihre letzte Inkarnation erinnern können. Es muß also einen „Verarbeitungs-Mechanismus" zwischen zwei Leben geben. Vermutlich wird er dem Träumen und anderen Vorgängen im Schlaf entsprechen, die dazu führen, daß man morgens erfrischt und geklärt und mit neuem Elan erwacht.

Es scheint also zwischen zwei Leben einen „Verdauungsvorgang" zu geben, in dem das vorige Leben verarbeitet wird und der dazu führt, das man sich im Normalfall nicht an das vorige Leben erinnern kann.

Dem kausalen Prinzip zufolge geht in dieser Welt nichts verloren – weder an Substanz noch an Energie oder an Impulsen („Erhaltungssätze"). Daraus wird man schließen können, daß auch von dem, was am Ende eines Leben in einem Menschen vorhanden ist, nichts verlorengeht. Diese Konstanz schließt jedoch eine Weiterverarbeitung des beendeten Lebens vor der nächsten Geburt keineswegs aus.

VII 3.   Ergebnisse

Der Endzustand eines Lebens wird vor der nächsten Inkarnation weiterverarbeitet und „verdaut".

Eine offene Frage ist, ob das Endergebnis eines Lebens in sich so stabil ist, daß sich eine Seele immer nur einmal inkarnieren kann, oder ob diese Endergebnisse so „offen" sind, daß sich eine Seele mehrmals gleichzeitig inkarnieren kann oder daß sie sich sogar nur aus einem „Pool" aller bisherigen Erfahrungen heraus reinkarniert.

C   Zusammenfassung der Grundlagen
der Reinkarnations-Theorie

VIII   Die Ergebnisse der bisherigen Betrachtungen

Da die Betrachtungen in diesem Buch Beobachtungen aus recht verschiedenen Bereichen kombinieren, folgt nun eine Zusammenfassung der bisherigen Ergebnisse, um den roten Faden dieser Untersuchungen noch einmal zu verdeutlichen.

VIII 1.   Lebenskraft und Analogie

Telepathie, Telekinese, Feuerläufe, Astrologie, Orakel und Homöopathie zeigen, daß es sowohl eine nicht-physikalische „Lebenskraft" gibt, durch die diese dem naturwissenschaftlichen Weltbild widersprechenden Phänomene hervorgerufen werden, als auch eine komplexe Analogie-Ordnung gibt, die mit der gewohnten kausalen Ordnung zusammenwirkt.

Die Astrologie zeigt, daß die Analogien sich auf die gesamte Welt erstrecken, also ein universelles Ordnungssystem sind, in das alle Dinge eingebunden sind.

Das physikalische-kausale Weltbild und das magisch-analoge Weltbild lassen sich widerspruchsfrei und mühelos miteinander kombinieren.

Die zusätzliche Aussage, die sich aus der Kombination der Kausal-Ordnung mit der Analogie-Ordnung ergibt, ist die symmetrische Entfaltung der Welt, die eine innere Ordnung bewahrt, durch die sich solche Phänomene wie Astrologie, Telepathie und Familienaufstellungen ergeben.

Anhand der Feuerläufe kann man sehen, daß man die Telekinese sehr weit ausdehnen kann und mit ihrer Hilfe die Naturgesetze auch in großem Maße außer Kraft setzen kann. Diese Vorgänge lassen sich jedoch nur mit einer „Lebenskraft" beschreiben.

VIII 2.   nicht an den Körper gebundene Erinnerungen

Die Wirkungsweise eines homöopathischen Mittels beruht nicht auf seiner Substanz, sondern auf der Geschichte dieser Substanz (z.B. der Vorgeschichte des Bärlapps). Die Tiere, Pflanzen und Mineralien in unserer Welt besitzen ein Gedächtnis, das über ihren eigenen Körper hinausgeht, und kennen die Biographie ihrer Tier-, Pflanzen oder Mineralienart.

Dies ist dasselbe Prinzip wie bei der Telepathie und den Familienaufstellungen, bei denen das Bewußtsein Informationen von außerhalb des eigenen Körpers und aus der Vergangenheit erlangen kann.

Da auch Pflanzen auf Telepathie reagieren, haben Pflanzen sowohl eine „Erinnerung" an ihre eigene Geschichte als auch eine Wahrnehmung, was bedeutet, daß sie Wesen mit Gedächtnis und Sinneswahrnehmung sind – sie besitzen also eine Form von Bewußtsein („Elfen").

VIII 3.   nicht an den Körper gebundenes Bewußtsein

Insbesondere die Astralreisen, die Telepathie, die Telekinese und die Homöopathie zeigen, daß das Bewußtsein nicht an den Körper gebunden ist.

Verallgemeinert kann man daher sagen, daß sehr wahrscheinlich alle Dinge ein Bewußtsein haben und dieses Bewußtsein zwar normalerweise innerhalb des eigenen Körpers bleibt, aber sich sowohl wahrnehmend als auch handelnd über die Grenze des eigenen Körpers hinaus ausdehnen kann. Das Bewußtsein ist somit nicht auf den eigenen Körper begrenzt.

Das Bewußtsein kann als Ganzes mitsamt seinen Wahrnehmungsfähigkeiten und seiner Erinnerung den Körper verlassen („Astralreise"). Dies geschieht vor allem in Todesgefahr, aber auch im Schlaf. Wenn dieses Bewußtsein den Körper verläßt, wird der Körper ohnmächtig (Ohnmacht, Schlaf).

Das Bewußtseins setzt sich aus mindestens vier Elementen zusammen:

1. aus dem Bewußtsein selber,
2. aus den Inhalten dieses Bewußtseins,
3. aus den Grenzen des Bewußtseins, die auf andere Menschen oder Dinge ausgedehnt werden können, und
4. aus dem „kollektiven Bewußtsein", das mehrere Leben eines Menschen, eine ganze Art von Wesen oder noch mehr umfaßt.

Es lassen sich an mehreren Stellen Erinnerungen an frühere Dinge, Zustände und

Ereignisse finden, die außerhalb der persönlichen Erinnerung des Menschen, des Tieres, der Pflanze oder des Gegenstandes liegen, der auf diese Erinnerung Zugriff hat. Dieses Phänomen tritt sehr deutlich in Familienaufstellungen und in der Homöopathie sowie bei Hellsehern und bei den tibetischen Tulkus auf. Dieses umfassendere Bewußtsein wird in diesem Buch „kollektives Bewußtsein" genannt.

VIII 4. Schlaf und Tod

Der Meditations-Zustand, in dem man nur Bewußtsein ohne Inhalte ist, hat Ähnlichkeiten mit dem Zustand, in den man durch die Begegnung mit der eigenen Seele gerät.

Man kann zumindestens vermuten, daß die erfrischende Wirkung des Schlafes etwas mit der Astralreise zu tun haben könnte. Die Vorgänge bei der Meditation, die eine ganz ähnlich erfrischende Wirkung wie der Schlaf hat, könnten den Vorgängen beim Schlaf sehr ähnlich sein.

Das Bewußtsein kann seine Grenzen auf andere Menschen und Dinge ausdehnen. Daher besteht der Verdacht, daß sich das Bewußtsein im Schlaf, beim Tod und in der Meditation auf eine sehr ähnliche Weise in das „kollektive Bewußtsein" hinein ausdehnt – was meistens eine „Bewußtlosigkeit" des Körpers mit sich bringt.

Der Endzustand eines Lebens wird vor der nächsten Inkarnation weiterverarbeitet und „verdaut".

VIII 5. Zeit

Die Fähigkeiten der Hellseher und der Tulkus sowie die Astrologie zeigen, daß in derselben Weise, wie die Vergangenheit erfaßt werden kann, auch die Zukunft erkannt werden kann. Das Vorhersehen der Zukunft fühlt sich genauso an wie Erinnern – nur daß die Richtung eine andere ist.

Aus der Astrologie, die auch ein Vorhersagen der zukünftigen Ereignisse ermöglicht, sowie aus den Fähigkeiten der Seher und der Tulkus ergibt sich, daß die Zukunft bereits festliegt. Das bedeutet, daß es ein „Buch des eigenen Lebens" gibt, das sehr wahrscheinlich von der Seele für ihre anstehende Inkarnation verfaßt wird.

Die ganzen persönlichen „Bücher des Lebens" der vielen Menschen müssen Teil eines umfassenden „Großen Buchs des Lebens" sein, da die in diesen Büchern stehenden Ereignisse sich ja nur dann auch wirklich ereignen können, wenn die ganze persönlichen „Bücher des Lebens" miteinander koordiniert worden sind.

Diese Erkenntnis führt wieder zu einem kollektiven Bild, das der bei der Homöopathie und bei den Familienaufstellungen beobachtbaren „kollektive Erinnerung" gleicht.

VIII 6.   symmetrische Entfaltung

Die Kombination der kausalen Entwicklung und der Analogie-Ordnung führt dazu, daß die Dinge, die sich aus einem Punkt heraus entstehen, selbstähnliche Strukturen entwickeln. Ein solcher selbstähnlicher Organismus ist z.B. der Mensch, dessen einzelne Teile einander gleichen. Das Gestaltungsprinzip dieser Selbstähnlichkeiten läßt sich mithilfe des Horoskops beschreiben.

Diese Selbstähnlichkeit führt dazu, daß alle Teiles eines Organismus zueinanderpassen. Diese Selbstähnlichkeit wird, wenn sie von einem Menschen bewußt bejaht und gelebt wird, zu innerem Frieden, Selbstliebe und Schönheit.

Die symmetrische Entwicklung der Welt ist der umfassendste Fall der Entstehung einer solchen Selbstähnlichkeit.

Da sich diese Selbstähnlichkeit an jedem Menschen und auch an jedem anderen Organismus beobachten läßt, folgt daraus, daß jeder Mensch aus einem Punkt heraus entstanden sein muß. Dieser „Schöpfungspunkt" ist offenbar die Seele.

Der Entwurf eines einzelnen Lebens geschieht zwar aus der Seele heraus, die der schöpferische Ursprungspunkt dieses Lebens ist, aber diese Seele ist in der Wahl dessen, was sie erschafft, nicht vollkommen ungebunden, da die Notwendigkeit besteht, die „Bücher des Lebens" aller Menschen miteinander zu einem „Großen Buch des Lebens" zu koordinieren.

VIII 7.   Strukturen der Seele

Die Kundalini und die Chakren zeigen, daß entweder das Bewußtsein eine komplexe Struktur mit den Chakren als Organen und mit der Kundalini als Kreislauf hat, oder daß es zwischen dem Bewußtsein und dem materiellen Körper noch eine weitere Organisationsform im Menschen gibt.

VIII 8.   Die Entstehung der Reinkarnations-Vorstellungen

Die Reinkarnations-Vorstellungen haben sich bei den Indern entwickelt, die die inneren Welten sehr gründlich und über lange Zeit hinweg erforscht haben.

In der Religion der Inder und allgemein der Indogermanen spielt der Toten- und Korngott, der sich jedes Jahr neu inkarniert und der die Inspirationsquelle für die Reinkarnations-Vorstellungen gebildet haben könnte, so gut wie keine Rolle.

VIII 9.   bisherige Ergebnisse

Das Bewußtsein und die Erinnerung sind nicht an den Körper gebunden (Astralreise, Homöopathie, Familienaufstellungen). Dies kann mithilfe einer Analogie-Ordnung in der Welt beschrieben werden. Diese Analogie-Ordnung bewirkt eine „symmetrische Entfaltung" aller Organismen und Systeme, deren Teile dadurch einander gleichen, d.h. die selbstähnlich sind.

Das Bewußtsein kann auf die Materie direkten Einfluß nehmen (Telekinese, Feuerläufe). Für die Beschreibung dieser Vorgänge ist eine „Lebenskraft" notwendig. Der Lebenskraftkörper" besitzt die Chakren als Organe und die Kundalini als Kreislauf.

Es gibt nicht nur die Möglichkeit, sich an vergangene Ereignisse zu erinnern, bei denen man garnicht physisch anwesend gewesen ist, sondern auch die Möglichkeit, sich an die Zukunft zu „erinnern", d.h. vorherzusehen, was sich noch ereignen wird. Beide Möglichkeiten werden von den tibetischen Tulkus angewendet, die ihr folgendes Leben vorhersagen und sich an ihr voriges Leben erinnern können.

Die Seele scheint jeweils ihr nächstes Leben komplett zu planen. Diese individuellen „Bücher des Lebens" müssen in einem „Großen Buch des Lebens" koordiniert sein, da sie sonst nicht umsetzbar wären.

IX   kollektive Phänomene

In den bisherigen Betrachtungen sind mehrfach kollektive Vorgänge beschrieben worden. Da dies kein allgemein geläufiges Konzept ist, werden diese Vorgänge hier noch einmal gesondert dargestellt und zusammengefaßt.

IX 1.   Telepathie und Telekinese

Bei der Telepathie wird das Bewußtsein eines Menschen mit dem Bewußtsein eines anderen Menschen verbunden („Gedankenübertragung") oder es wird mit einem Gegenstand verbunden (z.B. den Ort, an dem etwas Verlorenes liegt, erkennen).

Bei der Telekinese wirkt das Bewußtsein eines Menschen oder genauer gesagt, eine Absicht in dem Bewußtsein eines Menschen auf einen Gegenstand, der bewegt wird, oder auf den eigenen Körper, der dann z.B. beim Feuerlauf unempfindlich gegen Hitze wird.

Es gibt folglich Bewußtseinsverbindungen zwischen Menschen und Menschen sowie zwischen Menschen und Dingen, die sowohl zur Wahrnehmung (Telepathie) als auch zur Handlung (Telekinese) benutzt werden können.

Genaugenommen reicht diese Beobachtung aus, um von einem allgemeinen Bewußtsein ausgehen zu können, dessen Körper die Welt als Ganzes ist.

So wie man durch seine Aufmerksamkeit spüren kann, wie sich der eigene rechte Fuß anfühlt, so kann dieses Bewußtsein jedes Ding in der Welt spüren und wahrnehmen.

Und so wie man durch einen Entschluß die eigene Hand heben kann, so kann dieses Bewußtsein durch einen Entschluß ein jedes Ding in der Welt bewegen – natürlich nur im Rahmen der eigenen Kraft.

Zu diesen Schlußfolgerungen kommt man, wenn man davon ausgeht, daß Telepathie und Telekinese kein exotischer Ausnahmezustand ist, sondern daß sie ein allgemeines Prinzip in unserer Welt sind. Diese Annahme ist berechtigt, da Telepathie und Telekinese einer bestimmten Regel („magisches Naturgesetz") folgen sollten und derartige Naturgesetze (physisch oder magisch) einen allgemeinverbindlichen Charakter haben.

IX 2.   Familienaufstellungen

In Familienaufstellungen sind die Teilnehmer in der Lage, die von ihnen dargestellten Personen zutreffend darzustellen – ohne daß sie irgendetwas über diese Personen wissen. Dies könnte man als eine komplexe, aber unbewußte Form der Telepathie beschreiben. Da dabei auch ein Dutzend Menschen gleichzeitig eine Situation darstellen können, handelt es sich hier offensichtlich um eine „kollektive Telepathie".

Durch eine solche Aufstellung können alte Prägungen, die z.B. durch Familiengeheimnisse entstanden sind, die von Eifersucht über Inzest bis zum Mord reichen können, aufgelöst werden. Dadurch kann die Person, für die diese Aufstellung durchgeführt wird, weil sie unter diesen alten Prägungen gelitten hat, deutlich freier werden.

Die Annahme eines „kollektiven Bewußtseins" oder einer „kollektiven Erinnerung", in die sich die Teilnehmer einer Familienaufstellung „einklinken", ergibt sich zwar nicht als zwingende Schlußfolgerungen aus diesen Vorgängen, aber das „kollektive Bewußtsein" ist das eleganteste Modell, mit dem man diese Vorgänge beschreiben kann.

IX 3.   Astralreisen

Die Astralreise zeigt vor allem, daß das Bewußtsein unabhängig vom Körper existieren kann und daß man mithilfe einer Astralreise sich fast alle Orte und Dinge genauso klar wie mit den physischen Augen anschauen kann. Das Handeln ist auf einer Astralreise jedoch nur telekinetisch möglich und daher eher schwierig.

Man könnte die Astralreise auch als „souveräne, unbegrenzte Telepathie" beschreiben, weil man sich mithilfe einer Astralreise jede gewünschte Information beschaffen kann – wenn man im Astralreisen ausreichend geübt ist.

Man kann aus der Astralreise und den Möglichkeiten, die sie bietet, daher schließen, daß es ein „Informations-Kontinuum" gibt, also ein „kollektives Wissen" – einfach deshalb, weil mit Hilfe der Astralreise praktisch jede Information zugänglich wird, da man sich jeden Ort und jedes Ding anschauen kann.

IX 4.   Magie

Es gibt eine spezielle Form der Magie: das „entspannte Wünschen". Dinge, die man sich auf eine entspannte Weise fast wie nebenher wünscht, haben die ausgeprägte Neigung, in Erfüllung zu gehen.

Das Gegenstück dazu ist die Furcht vor dem, was man nicht haben will. Wenn man zu oft über dem „brütet", was man fürchtet und das Gefürchtete ausspricht, „malt man den Teufel an die Wand" und ruft das Gefürchtete herbei. Das gilt natürlich nicht für das Nachdenken über ein Problem, sondern nur für die Fixierung auf eine Angst.

Das „entspannte Wünschen" ist ausgesprochen unspektakulär, aber sehr angenehm. Ich habe z.B. eines Morgens auf dem Weg zum Bioladen, in dem ich damals gearbeitet habe, daran gedacht, daß es doch schön wäre, wenn ich ein zweites Fahrrad hätte, denn dann könnte ich, wenn ich Besuch bekomme, zusammen mit ihm zum Rhein fahren. Als ich dann im Bioladen angekommen war und gerade das Gemüse in die Regale geräumt habe und wir noch garnicht geöffnet hatten, klopfte ein Bioladen-Nachbar an die Ladentür und hat mich gefragt, ob ich ein Fahrrad brauchen könnte – er habe gerade seinen Schuppen aufgeräumt und wolle es loswerden.

Die Erfüllung derartiger „entspannter Wünsche" setzt offensichtlich eine „Koordination des Zufalls" voraus. Es muß ja gleichzeitig zu meinem Wunsch jemanden geben, der genau das hat, was ich mir wünsche.

Dieser Vorgang ist offenbar mehr als nur Telepathie, da dabei ja die Vorgänge in zwei Menschen und auch ihre Handlungen miteinander koordiniert werden. Dieser Vorgang läßt sich daher deutlich einfacher mithilfe einer Analogie-Ordnung in der Welt beschreiben, die dazu führt, daß „Schlüssel" und „Schloß" stets zueinander-passen – daß es zu meinem Fahrrad-Wunsch jemanden gibt, der ein Fahrrad verschen-ken möchte, und wir beide auch zusammentreffen.

Diese Analogie-Ordnung scheint daher Bewußtseinsinhalte, Absichten, Wünsche u.ä. so zu koordinieren, daß sie zu sinnvollen Ereignissen führen, die man am ehesten als „sinnvolle Zufälle" umschreiben kann.

Diese Analogie-Ordnung ist zwar kein „kollektives Bewußtsein", aber sie bringt eine sinnvolle Ordnung in die Welt, die so wirkt, als ob es ein „kollektives Bewußt-sein" gäbe, das alle Vorgänge so miteinander koordiniert, daß ein jeder „sinnvolle Dinge" erlebt.

Wenn man dieses Grundprinzip verallgemeinert, dann kommt man zu dem Schluß, daß das, was einem Menschen geschieht, dem entspricht, was er in seinem Inneren trägt, daß also das „Außen" eines Menschen ein Spielgelbild seines „Innen" ist.

IX 5. Astrologie

Die Astrologie ist eines der differenziertesten Analogie-Systeme, mit dessen Hilfe sich die Analogie-Strukturen in der Welt beschreiben lassen.

Das Horoskop veranschaulicht den Charakter und den Stil eines Menschen, es beschreibt die Art seiner Erlebnisse und es kann sogar vorhersagen, wann jemand welche Dinge erleben wird.

Die Astrologie zeigt, daß die „sinnvollen Zufälle", aus deren Herbeiführung ein großer Teil der Magie besteht, durchaus als einzelne Ereignisse in der allgemeinen Analogie-Ordnung der Welt aufgefaßt werden können.

Das „kollektive Bewußtsein", daß sich u.a. in der Astralreise zeigt, besitzt auch eine „kollektive Erinnerung", die u.a. in den Familienaufstellungen offenkundig wird. Dieses „kollektive Bewußtsein" hat jedoch nicht nur eine Erinnerung, sondern auch eine Handlungsfähigkeit, wie man anhand der Telekinese und der magischen Wünsche sehen kann. Die Astrologie und die magischen Wünsche zeigen weiterhin, daß dieses „kollektive Bewußtsein" zudem eine alles umfassende Analogie-Ordnung besitzt.

Es gibt ein „kollektives Bewußtsein", das alle Dinge weiß und sich an alles erinnern kann, das handeln kann und daß zudem eine Analogie-Struktur besitzt. Dieses Bewußtsein zeigt sich u.a. in dem Arrangieren von „sinnvollen Zufällen".

IX 6. Homöopathie

Die Wirkungsweise der homöopathischen Heilmitteln, die auf der Geschichte dieses Heilmittels beruht, zeigt, daß die Substanzen, aus denen diese Heilmittel hergestellt werden, ein „kollektives Gedächtnis" besitzen, daß über Millionen von Jahren zurückreichen kann.

Da nicht nur Menschen, sondern zumindestens auch Tiere und Pflanzen ebenfalls auf Telepathie reagieren, kann man davon ausgehen, daß sie in sich ein Bewußtsein tragen. Man kann daher weiterhin davon ausgehen, daß es zu jeder Tier- oder Pflanzenart ein „kollektives Bewußtsein" gibt, daß die Erinnerungen ihrer gesamten Art in sich trägt.

Wenn man etwas poetischere Formulierungen mag, könnte man also sagen, daß die Wirkungsweise eines pflanzlichen, homöopathischen Heilmittels der Biographie des Elfs der betreffenden Pflanzenart entspricht.

Dasselbe wird auch für die tierischen und mineralischen homöopathischen Heilmittel gelten.

Es hat den Anschein, als ob das „kollektive Bewußtsein" in Untereinheiten organisiert wäre: das „kollektive Bewußtsein" des Bärlapps (und aller anderen Pflanzenarten), der Pferde (und aller anderer Tierarten), des Basalts (und aller anderer Mineralienarten) sowie der Menschen (Reinkarnation).

Dies ist zwar noch nicht der „rote Faden eines kontinuierlichen Bewußtseins", der eine Grundvoraussetzung der Reinkarnation ist, aber es kommt ihm schon recht nahe.

Die innere Organisation dieses „kollektiven Bewußtseins" ist offenbar ein wesentlicher Punkt für den möglichen Nachweis der Reinkarnation.

IX 7. Chakren und Kundalini

Die Chakren als die Organe des „Lebenskraftkörpers" und die Kundalini als dem Kreislauf des „Lebenskraftkörpers" zeigen, daß es in dem nicht-materiellen Teil des Menschen, der bei einer Astralreise den Körper verläßt, eine differenzierte Struktur gibt. Diese Schlußfolgerung ist unabhängig davon, ob sich das Modell des „Lebenskraftkörpers" als sinnvoll erweist oder nicht, denn die beobachteten Strukturen und Dynamiken sind vorhanden – egal in welchem Medium sie sich auch befinden mögen.

Die sehr großen Untereinheiten des „kollektiven Bewußtseins", die mit einer Tier-, Pflanzen- oder Mineralienart oder mit der Menschheit als ganzes verbunden sind, sowie die sehr kleinen Untereinheiten in einem Menschen, die die Chakren und die Kundalini darstellen, lassen vermuten, daß es auch im „mittleren Bereich" derartige Organisationsformen gibt.

Man kann daher mit einiger Berechtigung davon ausgehen, daß das „kollektive Bewußtsein" kein formloses Kontinuum ist, sondern daß es eine organische Strukturierung vom Ganzen über große Einheiten, mittlere Einheiten bis hin zu kleinen Einheiten enthält – ähnlich wie die Folge „Erde – Menschheit – Volk – Sippe – Familie – Mensch – Organ – Zelle – Molekül – Atom – Atomkern – Proton – Elementarteilchen".

Man kann mit jeder dieser Einheiten in Kontakt treten:

> bei der Astrologie mit der gesamten Analogie-Ordnung,
> bei den magischen Wünschen mit dem gesamten kollektiven Bewußtsein,
> bei der Homöopathie mit einer Tier-, Pflanzen- oder Mineralienart,
> bei den Familienaufstellungen mit einer Familie, Sippe, Firma o.ä.,
> bei der Telepathie mit einem einzelnen Menschen oder Gegenstand,
> bei der Telekinese mit einem einzelnen Menschen oder Gegenstand,
> bei der Astralreise mit dem eigenen Astralkörper,
> bei der Meditation mit einem einzelnen Chakra oder der Kundalini,
> usw.

Diese deutliche Differenzierung in den Möglichkeiten des Kontaktes zu dem „kollektiven Bewußtsein" zeigt, daß es ausgesprochen wahrscheinlich ist, daß auch das „kollektive Bewußtsein" selber eine ausgeprägte innere Strukturierung besitzt.

Auf diese vielfältige und zugleich systematische Struktur läßt auch schon die Analogie-Ordnung, durch die dieses Bewußtsein geprägt ist, schließen.

Die bisherige Beschreibung des „kollektiven Bewußtseins" läßt sich nun erweitern:

Es gibt ein „kollektives Bewußtsein", das alle Dinge weiß und sich an alles erinnern kann, das handeln kann und daß zudem eine Analogie-Struktur besitzt, die mit einer systematischen und vielfältigen Differenzierung in Untereinheiten verbunden ist. Dieses Bewußtsein zeigt sich u.a. in dem Arrangieren von „sinnvollen Zufällen".

IX 8. Kornkreise

Kornkreise sind ein Phänomen, daß seit ca. 100 Jahren bekannt ist, aber sich erst vor ca. 30 Jahren auszuweiten und zu differenzieren begonnen hat. Kornkreise waren anfangs kreisförmige Flächen von wenigen Metern Durchmesser in Getreidefeldern, in denen die Halme flachgelegt worden waren. Nach und nach wurden die Kornkreise zu komplexen Mustern, die z.B. über 100 Meter lang sind.

Nachdem die Kornkreise zu einem bekannten Phänomen geworden waren, gab es ganz vereinzelt auch von Menschen hergestellte Kornkreise, aber der Großteil dieser Phänomene ist kein Menschenwerk. Dafür spricht u.a. auch, daß die Halme nicht gebrochen werden, sondern daß sie in den Halmknoten umgebogen werden – was physisch nicht möglich ist. Diese Knoten scheinen kurzfristig „aufzuweichen", dann umgebogen zu werden und sich dann anschließend wieder zu „verfestigen".

Man kann die Kornkreise am ehesten als ein telekinetisches Phänomen beschreiben. Da es kein einzelner Mensch ist, der diese Telekinese ausübt, kann man ehesten von einer „kollektiven Telekinese" sprechen. Für diese Deutung spricht auch, daß sich in den komplexen Kornkreismustern viele bekannte Symbole und Strukturen wie die Mandelbrotmenge, der Ergänzungsgegensatz oder der kabbalistische Lebensbaum finden.

Zwei weitere auffällige Merkmale der Kornkreise sind zum einen ihre ausgeprägte zeitlose Ästhetik und zum anderen der Umstand, das die Kornkreis-Muster sehr viele Menschen ansprechen und in ihnen die verschiedensten Assoziationen wachrufen. Das spricht dafür, daß diese Kornkreise Urbilder sind und daher in fast jedem Betrachter Gefühle auslösen.

Die Eigenschaften des „kollektiven Bewußtseins" lassen sich somit zumindestens um die Vermutung, daß es auch die Fähigkeit zu einer „kollektiven Telekinese" besitzt, erweitern.

IX 9.   kollektives Unterbewußtsein

C.G Jung hat ein ähnliches Konzept entwickelt wie das, das in diesem Buch „kollektives Bewußtsein" genannt wird. Jung hat es „kollektives Unterbewußtsein" genannt und es als die Quell der Urbilder, aber auch als den Ursprung der Analogie-Ordnung aufgefaßt, die er „Synchronizitäten" („Gleichzeitigkeiten") nennt. Jung hat dieses „kollektive Unterbewußtsein" auch als etwas angesehen, das sich durch tele-kinetische Phänomene zeigen kann.

C.G. Jung hat den Namen „kollektives Unterbewußtsein" bevorzugt, weil dieses Bewußtsein den Menschen normalerweise nicht direkt zugänglich ist.

IX 10   symmetrische Entfaltung

Das Horoskop beschreibt die Struktur eines Menschen und seines Lebens. Diese Struktur, die alles in dem Leben eines Menschen prägt, führt dazu, daß alles in dem Leben dieses Menschen einen analogen Charakter hat, d.h. zueinander paßt.

Dasselbe Prinzip ergibt sich auch, wenn man die Kausal-Ordnung und die Analogie-Ordnung in der Welt als Ganzes kombiniert: Die Welt entfaltet sich symmetrisch.

Verallgemeinert kann man sagen, daß alle Teile eines Systems, das sich aus einem einheitlichen Schöpfungsimpuls heraus entstanden ist, die gleiche Struktur besitzen und daher ein funktionierendes Gesamtsystem bilden können. Diese übereinstimmende Struktur aller Teile eines Ganzes wird „Selbstähnlichkeit" genannt.

Diese Selbstähnlichkeit muß ein Merkmal aller Einheiten in dem „kollektiven Bewußtsein" sein, da das „kollektive Bewußtsein" durch Analogien strukturiert ist.

Das bedeutet wiederum, daß sich die Untereinheiten eines Systems nach und nach beim Anwachsen des Systems bilden und ausdifferenzieren. So konnte sich z.B. das Untersystem der Bärlapp-Gewächse erst dann bilden, nachdem die Erde erkaltet war und sich auf ihr die Pflanzen, Tiere und Pilze aus den ersten Einzellern entwickelt hatten. Die heutige „resignative" Qualität des Untersystems des Bärlapps (der Charakter des „Bärlapp-Elfs") hat sich zudem auch erst dann gebildet, nachdem die Bärlapp-Gewächse, die einst fast die gesamte Erdoberfläche bedeckt haben, fast vollständig von anderen Pflanzen verdrängt worden waren.

Das „kollektive Bewußtsein" hat also auch eine Entwicklung und Entfaltung und entsprechend auch eine Geschichte.

Auch dieser Aspekt des „kollektiven Bewußtseins" ist für die Betrachtung der Frage, ob es die Reinkarnation gibt, von großer Bedeutung.

IX 11. Zeit-Kontinuum

Die Astrologie und die Möglichkeit, die Zukunft vorherzusehen, zeigen, daß das „kollektive Bewußtsein" nicht nur aus der Vergangenheit heraus bis zur Gegenwart existiert, sondern daß es auch weiter in die Zukunft hineinreicht.

Auch der Umstand, daß man in der Magie oft nicht unterscheiden kann, ob es sich bei einem Ereignis um die Erfüllung eines Wunsches handelt oder ob man nur ein Ereignis vorhergesehen hat, spricht dafür, daß die Zeit zwar den geraden, gleichmäßigen Fluß von der Vergangenheit durch die Gegenwart in die Zukunft besitzt, aber daß das nicht bedeutet, daß es das Vergangene nicht mehr gibt, und auch nicht, daß das Zukünftige noch nicht existiert.

Die Zeit scheint etwas zum einen etwas sehr Grundlegendes zu sein und zum anderen auch etwas, nunja, Zeitloses …

IX 12. Physik

Es ist auch interessant, sich das derzeitige physikalische Weltbild näher anzuschauen.

Der Aufbau der Welt

Die Dinge in unserem Alltag bestehen aus Molekülen und diese wiederum aus Atomen.

Die Atome bestehen wiederum aus den Atomkernen und den Elektronen, die Atomkerne bestehen aus Protonen und Neutronen, und diese wiederum aus den „Quarks" genannten, noch kleineren Teilchen.

Diese Teilchen bestehen letztlich (bildlich gesprochen, aber dennoch zutreffend), aus „kondensierter Energie", wie es Einsteins berühmte Formel „$E = m \cdot c^2$" beschreibt.

Das bedeutet, daß es den Raum und die Zeit gibt und in ihnen die Energie, die zu einem großen Teil zu Teilchen „kondensiert" ist.

Diese Energie besteht wiederum aus Energiequanten, also kleinen „Päckchen" von Energie.

Diese Energiequanten und daher auch die aus ihnen bestehenden festen Teilchen (Quarks, Elektronen u.a.) sind ihrerseits wieder Krümmungen der Raumzeit, also Formen der Raumzeit – was zugegebenermaßen recht abstrakt klingt. Die Schlußfolgerung daraus ist, daß es nur die Raumzeit gibt, deren Krümmungen die Energiequanten sind, deren „Kondensationen" wiederum die Teilchen sind, aus denen letztlich die ganze Welt besteht.

Wenn man sich die Raumzeit, die das eigentlich Reale ist, näher anschaut, ist offensichtlich, daß die Zeit das ursprüngliche und umfassende Element in der Raumzeit ist: Die Zeit ist in der Vergangenheit, in der Gegenwart und in der Zukunft – der Raum ist nur im Hier und Jetzt.

Normalerweise hält man den Raum (und die Dinge in ihm) für das Reale – und die Zeit verstreicht nebenher. Genaugenommen ist es jedoch so, daß die Zeit überall ist – und der Raum sozusagen nur das Gegenwarts-Segment der Zeit ist: das Hier und Jetzt.

Die Zeit ist das Reale und das Innerste und das Fundament aller Dinge.

Die Superstringtheorie

Die Superstringtheorie, die das derzeitige Modell der Physik ist, beschreibt den eben dargestellten Zusammenhang auf eine mehr oder weniger anschauliche Weise. Dazu wird ein elfdimensionales mathematisches Modell benutzt. Das klingt schwierig, ist aber nicht ganz so schlimm, wie es zunächst aussieht.

Diese elf Dimensionen setzen sich wie folgt zusammen:

> 1 Zeitdimension, die alles umfaßt,
> 3 Raumdimensionen, die die gesamte Gegenwart beinhalten,
> 6 „kleine Dimensionen", die nur im subatomaren Bereich, aber nicht im Alltag sichtbar sind, und
> 1 punktförmige Dimension, deren Funktion es ist, die 10 anderen Dimensionen zusammenzuhalten.

Es ist in diesem Zusammenhang sehr spannend, daß der kabbalistische Lebensbaum auch elf Bereiche kennt, die genau diesen elf Dimensionen entsprechen:

> 1 Dimension, die alles umfaßt (Gott),
> 3 grenzenlose Dimensionen (Bereich der Gottheiten)
> 3 ausgedehnte Dimensionen (Bereich der Seelen)
> 3 eingeschränkte Dimensionen (Bereich der Psyche)
> 1 feste Dimension (Körper)

Diese elf Dimensionen finden sich also sowohl in dem Aufbau der materiellen Welt (Physik) als auch in dem Bereich des Bewußtseins, aus dessen Erforschung der kabbalistische Lebensbaum abgeleitet worden ist.

Die elf Dimensionen	
Materie (Physik)	*Bewußtsein (Lebensbaum)*
1 Zeitdimension, die alles umfaßt	1 Dimension, die alles umfaßt (Gott)
3 Raumdimensionen, die die gesamte Gegenwart beinhalten,	3 grenzenlose Dimensionen (Bereich der Gottheiten)
6 „kleine Dimensionen", die nur im subatomaren Bereich, aber nicht im Alltag sichtbar sind	3 ausgedehnte Dimensionen (Bereich der Seelen)
	3 eingeschränkte Dimensionen (Bereich der Psyche)
1 punktförmige Dimension, deren Funktion es ist, die 10 anderen Dimensionen zusammenzuhalten.	1 feste Dimension (Körper)

Diese beiden Modelle, also die Superstringtheorie und der kabbalistische Lebensbaum, beschreiben die Außenseite der Welt (Materie) und die Innenseite der Welt (Bewußtsein). Beides haben offenbar dieselbe grundlegende Struktur – was man auch erwarten sollte, wenn das die Materie die „Außenseite" der Welt und das Bewußtsein die „Innenseite" derselben Welt ist.

Es ist bemerkenswert, daß die Beschreibung der Welt durch die Physik auch ein ursprüngliches Etwas kennt (Zeit), das eine Einheit ist, aus der heraus sich die gesamte materielle Welt ausdifferenziert. Dies ist genaudasselbe Modell, das sich auch aus den Betrachtungen in den bisherigen Kapiteln ergeben hat: das alles umfassende „kollektive Bewußtsein".

Man könnte also sagen, daß Gott die Innenseite der Welt ist und die Zeit die Außenseite der Welt – und daß sich beides in immer kleinere Einheit ausdifferenziert, unterteilt und verselbständigt ... bis dabei am Ende der Mensch entsteht, der gerade diese Zeilen liest.

Der Tierkreis

Es gibt noch eine zweite derartige Übereinstimmung. Ein wichtiges Element in den Betrachtungen in diesem Buch über die Reinkarnation ist die Astrologie. Die Grundstruktur der Astrologie ist der Tierkreis mit seinen zwölf Tierkreiszeichen. Jedes Tierkreiszeichen hat einen präzisen Anfang und ein präzises Ende und hat insgesamt eine klar definierte Qualität.

Eine sehr ähnliche Struktur ist das Kernstück der Superstringtheorie: der „String". Das englische Substantiv „string" bezeichnet eine Saite – und ein „string-quartett" ist ein Streichquartett. Der Physiker Heisenberg hat ein Teilchen-Modell entworfen, das ein solcher String ist. Das Besondere an ihm ist, daß dieser String kreisförmig ist und daß er wie eine Geigensaite schwingt.

Die Schwingung einer Geigensaite ist in gleichgroße Bereiche untergliedert: die beiden Enden der Saiten sind ruhig, da sie am Holz befestigt sind, und in der Mitte schwingt sie. Es ist auch möglich, daß sie an ihren beiden Enden und in der Mitte ruht und in den beiden Bereichen dazwischen schwingt – dann ist der Ton eine Oktave höher. Der wesentliche Punkt bei dieser Betrachtung ist, daß eine Saite als „stehende Welle" schwingt, d.h. daß auf ihr mehrere gleichlange Saitenteile schwingen, die jeweils von einem ruhenden Punkt getrennt sind.

Das von Heisenberg entworfene Teilchen-Modell wird nach ihm als „Heisenberg'sche Spinkette" bezeichnet wird und ist der Grundbaustein der Superstringtheorie. Der „Spin" ist eine grundlegende Eigenschaft eines Teilchens, die man näherungsweise mit „Eigenrotation" umschreiben könnte.

Dieses Teilchen-Modell besteht aus einer kreisförmigen Saite, auf der zwölf gleichlange Bereiche schwingen, die durch zwölf ruhende Punkte voneinander abgegrenzt sind. Das ist genau die Struktur des Tierkreises.

Somit findet sich auch hier in der Physik und im Bewußtsein dieselbe grundlegende Struktur:

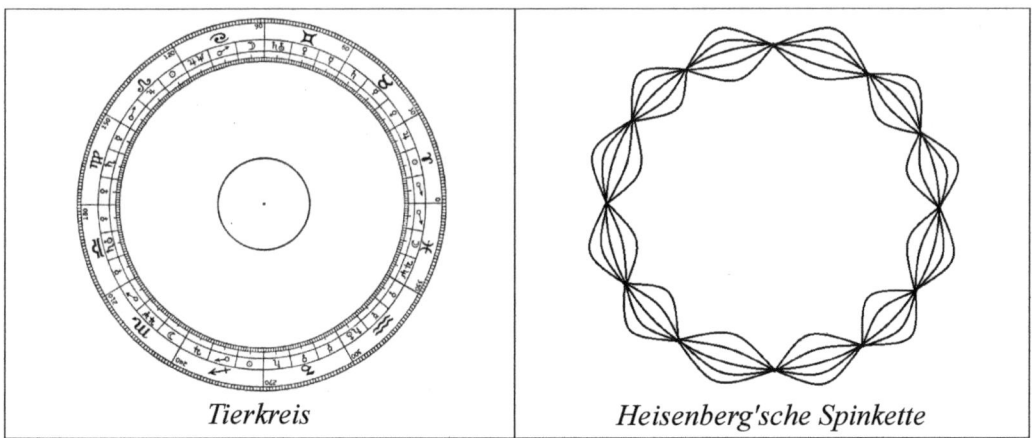

| Tierkreis | Heisenberg'sche Spinkette |

83

Winkel

Wie bereits kurz erwähnt worden ist, sind Winkel ein Element, das sich sowohl in der Physik als auch z.B. in der Astrologie und in der Steinheilkunde (Kristallgitter der Heilsteine) findet.

Die Qualitäten dieser Winkel stimmen in beiden Bereichen überein:

180°-Winkel bilden eine Gegensatz-Ergänzung: Magnet – astrologischer Oppositions-Aspekt;

120°-Winkel bilden eine feste Verbindung: zwei Monde auf derselben Umlaufbahn um einen Planeten – astrologischer Trigon-Aspekt;

90°-Winkel schaffen Räume: Winkel zwischen der elektrischen Welle und der magnetischen Welle in einem Lichtstrahl – astrologischer Quadrat-Aspekt;

60°-Winkel koordinieren eine Vielzahl ähnlicher Elemente: Anordnung der Protonen und Neutronen in einem Atomkern – astrologischer Sextil-Aspekt; usw.

Quantenverschränkung

Ein recht bekanntes Phänomen aus der Physik ist die Quantenverschränkung. Vereinfacht gesagt verhalten sich zwei Lichtquanten, die aus derselben Quelle stammen, genau gleich – selbst dann, wenn man nur einen der beiden Quanten beeinflußt. Der zweite Lichtquant, der der „Zwilling" des anderen Lichtquanten ist, ahmt die Reaktion des ersten Lichtquanten nach, obwohl nur der erste Quant beeinflußt wird.

Diese Koppelung, die zu einer kausal nicht begründeten, analogen Reaktion des zweiten Quanten führt, wird „Verschränkung" genannt.

Dieses Phänomen ist deshalb interessant, weil es ein direkter Nachweis dafür ist, daß es in der Welt eine Analogie-Ordnung gibt; Zwei Teilchen, die Zwillinge sind, verhalten sich gleich, auch wenn man nur eines der beiden Teilchen beeinflußt.

Zusammenfassung

Die heutige Physik ermöglicht durch ihre Entdeckungen den Nachweis, daß die Strukturen, die sich im Bereich des Bewußtseins beobachten lassen, mit denen, die sich im Bereich der physischen Welt beobachten lassen, übereinstimmen:

1. beide Modelle haben als Grundlage eine ursprüngliche Einheit, die sich in die Vielheit der Welt ausdifferenziert;

2. beide Modelle haben elf Dimensionen;

3. in beiden Modellen ist der zwölfgeteilte Kreis das Grundelement der Strukturierung;

4. in beiden Modellen haben Winkel dieselbe Qualität;

5. in beiden Modellen gibt es die kausalen Zusammenhänge und die Analogie-Ordnung.

IX 13. Mystik

In allen monotheistischen Religionen gibt es auch eine mystische Strömung, d.h. Menschen, die mithilfe von Meditationen, Gebeten, Traumreisen u.ä. versuchen, Gott direkt zu erleben. Diese Menschen sind religionshistorisch gesehen die Fortsetzung der Schamanen der Altsteinzeit und der Magier der Jungsteinzeit in der Epoche des Königtums: Sie glauben an den „einen Gott" (Königtum/Monotheismus) und streben wie Schamanen (Altsteinzeit) und Magier (Jungsteinzeit) nach einer persönlichen Erfahrung dessen, was in ihrer Religion als die innerste Wahrheit (Gott) beschrieben wird.

Diese Menschen sind im Christentum die Mystiker, im Islam die Sufis, im Hinduismus die Yogis, im Buddhismus die Lamas, im Judentum die Kabbalisten usw.

Diese „Wahrheits-Sucher" haben in vielen Punkten dieselben Ansichten:

1. Ein Punkt, in dem sich diese Menschen alle einig sind, ist, daß es eine innerste, alles umfassende Wahrheit gibt: Gott, Allah, Brahma, Nirvana, Yahwe.

2. Der zweite Punkt, in dem sie sich alle einige sind, ist, daß es möglich ist, diesen Urgrund der Welt zu erreichen und zu erleben.

3. Schließlich gibt es noch einen dritten Punkt, in dem unter ihnen Einigkeit besteht: Die Vielheit der Welt und die Einheit Gottes sind durch einen sich allmählich und organisch differenzierenden Bereich miteinander verbunden. Auf der Struktur dieses Bereiches beruhen die Methoden, mit denen diese Menschen das Erlebnis der allem zugrundeliegenden Einheit zu erreichen versuchen. Dieser Weg ist bei den Christen das Gebebt, im Islam der „Sufi-Weg", im Hinduismus der Yoga, im Buddhismus der Lam-Rim, im Judentum die „Schlange der Weisheit" usw.

Die Struktur dieses Weges entspricht den „Modell der elf Dimensionen", das eben bei der Betrachtung der Physik beschrieben worden ist.

4. Es gibt noch einen weiteren, vierten Punkt, der aus Sicht der Mystiker aber nur von untergeordneter Bedeutung ist: Wenn man auf dem Weg zu dieser Einheit ein stückweit vorangekommen ist, tauchen bei den Suchenden magische Fähigkeiten wie Telepathie und Telekinese, aber auch noch „exotischere" Formen wie Levitation (Schweben), Bilokation (an zwei Orten gleichzeitig sein) u.ä. auf.

Die Beschreibung dieses Mystiker-Modells stimmt mit der Struktur sowohl des heutigen physikalischen Modells als auch mit der Beschreibung des „kollektiven Bewußtseins" überein.

Diese Übereinstimmung ist für die Betrachtung der Reinkarnation von großer Bedeutung, weil sie zeigt, daß das in diesem Buch entworfene Modell von denen, die die Möglichkeiten des Bewußtseins des Menschen in dieser Welt systematisch erforscht haben, bestätigt wird.

Die Struktur der Welt		
Physik	*Bewußtsein*	*Mystik*
Zeit	kollektives Bewußtsein	Einheit
Quarks, Elementarteilchen, Atome, Moleküle usw.	Chakren, Kundalini, „Elfen" usw.	der Weg von der Vielheit zur Einheit
Welt	individuelles Bewußtsein	Vielheit
Quantenverschränkung u.ä.	Telepathie, Telekinese u.ä.	Telepathie, Telekinese u.ä.

IX 14. Biographie und Geschichte

Das „kollektive Bewußtsein" findet sich auch noch an einer Stelle wieder, an der man es zunächst eigentlich nicht erwarten sollte: Die Menschheit scheint sich als Ganzes auf dem Weg zur Erkenntnis dieses „kollektiven Bewußtseins" zu befinden.

Wenn man die Entwicklung eines einzelnen Menschen betrachtet und sie mit der Entwicklung der Menschheit vergleicht, zeigt sich, daß beides analog zueinander verläuft:

1. Phase

Der Säugling lebt in der Geborgenheit bei der Mutter und es gibt kaum eine Unterscheidung zwischen Ich und Du. Es wir alles angenommen – und in den Mund gesteckt. Dies wurde von Freud die „orale Phase" genannt.

In der Altsteinzeit leben die Menschen als Teil der Natur in der Natur – es gab keine „Nicht-Natur". Die Religion dieser Epoche ist der Schamanismus und der Ahnenkult. Die Denkweise dieser Zeit sind die Assoziationen.

Diese Phase kann man als „Ja" umschreiben.

2. Phase

Das Kleinkind lernt sich abzugrenzen, etwas gut oder schlecht zu finden, „Nein" zu sagen und eine eigene Meinung zu haben und seine eigene Kraft und seine eigenen Gestaltungswünsche zu entdecken: das Trotzalter. In dieser Zeit brauchen die Kinder vor allem einen geordneten Rhythmus im Leben. Dieser Entwicklungschritt ist möglich, wenn das Kind in der Geborgenheit in seiner Familie ruhen kann. Dies wurde von Freud die „anale Phase" genannt.

In der Jungsteinzeit haben die Menschen den Ackerbau, die Viehzucht, den Häuserbau, den Tempelbau, das Zusammenleben in größeren Gemeinschaften usw. erlernt. Das führte zu der Trennung zwischen Natur und Kultur, zu dem durch die Jahreszeiten bedingten Rhythmus der Tätigkeiten, zu gemeinschaftlichen Formen im Verhalten u.ä. Die Religion dieser Epoche ist das magisch-mythologische Weltbild. Die Denkweise dieser Zeit sind die Analogien (Gleichnisse, Mythen, Zyklen).

Diese Phase kann man als „Nein!" umschreiben.

3. Phase

Das Kind ruht in der Familie („Ja") und hat gelernt, die eigenen bevorzugten Lebensformen zu erkennen und durchzusetzen („Nein!"). Daher kann es nun sich selber und seinen eigenen Willen erkennen und beginnt, statt von sich selber mit seinem Eigennamen zu sprechen, sich als „ich" zu bezeichnen. Dies wurde von Freud die „phallische Phase" genannt.

Im Königtum steht ein einzelner Mensch an der Spitze und bildet das prägende und bestimmende Zentrum aller Vorgänge in dem Königreich. Die Religion in dieser Zeit ist der Monotheismus. Die Methode, zu Erkenntnissen zu gelangen, ist in diesem Zusammenhang die Philosophie: Alles Existierende wird von einer ersten Ursache abgeleitet.

Diese Phase kann man als „Ich!!!" umschreiben.

4. Phase

Nachdem das Kind sein Ich gefunden hat, kann sich der Jugendliche nun in der Pubertät der Welt zuwenden, sein Verhältnis zu ihr erforschen und vor allem seine Wünsche in Bezug auf andere Menschen ergründen. Dabei spielt vor allem die erwachende Sexualität eine große Rolle. Dazu gehört auch, die eigene Kraft und Macht zu erproben. Dies wurde von Freud die „genitale Phase" genannt.

Im Materialismus steht der Mensch der Welt gegenüber und erforscht sie von einem objektiven Standpunkt aus und nutzt dann seine Forschungsergebnisse, um die Welt so zu gestalten, wie er sie haben will. Die Methode, zu Erkenntnissen zu gelangen, ist in dieser Phase die Wissenschaft, aus deren Nutzung sich dann die Technik und die Industrialisierung ergeben. Die Religion in dieser Phase ist die Kausal-Logik und die auf ihr beruhenden Wissenschaften.

Diese Phase kann man als „Du?" umschreiben.

5. Phase

Der Erwachsene hat sich zu einem Lebensstil entschlossen und sich einen Partner gesucht, mit dem zusammen er eine Familie gründen kann. Beide entwickeln zusammen einen gemeinsamen Lebensstil, der für die gesamte von ihnen gegründete Familie wohltuend ist. Dies könnte man „adulte Phase" nennen.

Dieser Entwicklungsstufe entspricht die derzeitige Entstehung einer globalisierten Lebensform auf der Erde, in der alle eine Familie bzw. ein großes Dorf sind, in der jeder mit jedem in Verbindung steht und in der ein Gedeihen nur gemeinsam möglich ist. Daraus folgt, daß eine gleichzeitige Wertschätzung sowohl der Individualität des einzelnen Menschen und der einzelnen Völker als auch der Gemeinschaft, also der Menschheit als Ganzes notwendig ist. Das ein wenig mühsame Erlangen dieses Gleichgewichtes verursacht derzeit noch einige Schwierigkeiten. Aus der Erkenntnis, Teil eines Ganzen zu sein, ergibt sich, daß man in Vertrauen von dem Ganzen getragen wird und daß man in Verantwortung das Ganze trägt. Die Denkweise in dieser Epoche sind die Gesamtzusammenhänge und die Kreisläufe. Die Religion in dieser Zeit ist die Integration aller bisher entstandenen Religionsformen.

Diese Phase kann man als „Wir." umschreiben.

Diese Epoche blickt zwar noch nicht auf das „kollektive Bewußtsein", aber in ihr wird die Vorstufe dazu entwickelt: die Wahrnehmung aller Teile des Ganzen und die

Erkenntnis, das jeder in seiner Eigenart wertvoll ist und daß jeder sich als Teil des Ganzen verhalten muß, damit das Ganze und somit auch man selber gedeihen kann.

In dieser Epoche muß vor allem ein stabiles Gesamtsystem entwickelt werden, in der jeder Einzelne und jedes Volk einen „guten Platz" findet und gedeihen kann.

6. Phase

Der ältere Mensch, dessen Kinder erwachsen geworden sind, kann sich neuen Bereichen zuwenden und seine Erfahrungen und sein Wissen an andere weitergeben. Dies könnte man die „tutorale Phase" nennen.

Die nächste kollektive Entwicklungsstufe wird daher wahrscheinlich durch das Erforschen neuer Möglichkeiten und das Entdecken neuer Freiheiten sowie einer allgemeinen Weitung des individuellen und des kollektiven Weltbildes geprägt sein.

Diese Phase kann man als „Anderes …" umschreiben.

7. Phase

Der alte Mensch kann schließlich die Welt als Ganzes erforschen, erspüren und die Verbindung zwischen Leben und Tod ergründen. Er wird, wenn er wirklich weise wird, schließlich die Einheit hinter der Vielheit der Erscheinungen erkennen und dann aus dieser Einheit heraus leben und eine Inspirationsquelle für die Menschen in seiner Umgebung sein. Dies könnte man die „geronte Phase" nennen.

Diese kollektive Entwicklungsstufe wird manchmal in Sciencefiction-Romanen als der „Planet der Weisen" beschrieben, auf dem die Menschen vollkommen friedlich sind, obwohl sie über eine sehr große Macht verfügen.

Diese Phase kann man als „Alles" umschreiben.

Diese sieben Phasen kann man als einen Weg vom Hier und Jetzt, in dem jeder Weg beginnt, zu der Erkenntnis und dem Erleben des „kollektiven Bewußtseins" ansehen:

„Ja" – „Nein" – „Ich!!!" – „Du?" – „Wir." – „Anderes …" – „Alles"

Diese sieben Schritte dieses Weges kann man in drei grundlegende Phasen unterteilen, die jeweils eine unterschiedliche Ausrichtung haben:

Ichfindung:	„Ja" – „Nein" – „Ich!!!"
Familie:	„Ich!!!" – „Du?" – „Wir."
Welt:	„Wir." – „Anderes …" – „Alles"

Es hat also zumindestens anhand dieser Beschreibung des Lebensweges den Anschein, als ob es letztlich der natürliche Lauf der Dinge wäre, das „kollektive Bewußtsein" zu erkennen und dann aus ihm heraus zu leben.

IX 15. Ergebnisse

Es gibt ein „kollektives Bewußtsein", das alle Dinge weiß und sich an alles erinnern kann, das handeln kann und daß zudem eine Analogie-Struktur besitzt, die mit einer systematischen und vielfältigen Differenzierung in Untereinheiten verbunden ist. Dieses Bewußtsein zeigt sich u.a. in dem Arrangieren von „sinnvollen Zufällen". Das „kollektive Bewußtsein" hat auch die Fähigkeit der Telekinese (Kornkreise).

Das „kollektive Bewußtsein" entwickelt und entfaltet sich genauso wie die physische Welt und hat dementsprechend auch eine Geschichte. Das „kollektive Bewußtsein" entfaltet sich symmetrisch in einer komplexen Analogie-Struktur, durch die alle Teile eines Organismus selbstähnlich sind.

In der Physik und im Bewußtsein finden sich dieselbe Grundstrukturen: die Einheit und ihre schrittweise Ausdifferenzierung zu einer Vielheit; die elf Dimensionen; der zwölfgeteilte Kreis als Grundbaustein; die Qualität der Winkel; die Prägung durch Kausalität und Analogie.

Das Weltmodell der Mystiker stimmt mit dem Weltmodell der Physiker in seinen Grundzügen überein.

Es hat den Anschein, als ob es letztlich der natürliche Lauf der Dinge wäre, das „kollektive Bewußtsein" zu erkennen und dann aus ihm heraus zu leben.

Die im ersten Drittel dieses Buches benutzte Graphik, die die Erkenntnisse zusammengefaßt hat, läßt sich durch einige Ergänzungen präzisieren und konkretisieren.

Erklärungsmodelle für Telepathie, Telekinese und Astrologie			
Astrologie	*Homöopathie*	*Telepathie, Familienaufstellung*	*Telekinese, Feuerlauf, Kornkreise, Chakren, Kundalini*
↓	↓	↓	↓
notwendiges Modell: *Analogien*	notwendiges Modell: *Analogien*	mögliches Modell: *Analogien*	
	mögliches Modell: *Lebenskraft*	mögliches Modell: *Lebenskraft*	notwendiges Modell: *Lebenskraft*

↓ ↓ ↓

erforderliches Modell: Kombination von Analogien und Lebenskraft
Merkmale: elf Dimensionen, zwölfgeteilter Kreis als Grundbaustein
sowie die Winkel-Qualitäten

↓ ↓ ↓

ein durch Analogien strukturiertes und mit der „Lebenskraft" verbundenes
„kollektives Bewußtsein" mit umfassenden Erinnerungen,
das in selbstähnliche Untereinheiten gegliedert ist und das auch die Fähigkeit der
Telekinese besitzt;
das „kollektive Bewußtsein" hat eine Geschichte und umfaßt auch die Zukunft –
beides ist in dem „Großen Buch des Lebens" festgelegt

Kurzgefaßt haben die bisherigen Betrachtungen zu den folgenden Ergebnissen geführt:

Es gibt ein „kollektives Bewußtsein", das alle Dinge weiß und sich an alles erinnern kann, das handeln kann und daß zudem eine Analogie-Struktur besitzt, die mit einer systematischen und vielfältigen Differenzierung in selbstähnliche Untereinheiten verbunden ist.

Dieses Bewußtsein zeigt sich u.a. in dem Arrangieren von „sinnvollen Zufällen".

Das „kollektive Bewußtsein" hat eine Entwicklung und Entfaltung und daher auch eine Geschichte.

D   Strukturen und Dynamik der Reinkarnation

X   Strukturen, in denen die Reinkarnation stattfindet

In den bisherigen Betrachtungen ist vor allem die Frage untersucht worden, ob sich die Reinkarnation in irgendeiner Weise nachweisen oder aus anderen Beobachtungen herleiten läßt oder ob sie zumindestens als eine plausible Möglichkeit erscheint.

In dem nun folgenden Teil dieses Buches werden nun die konkreten Erlebnisse von Menschen mit der Reinkarnation betrachtet.

X 1.   Erinnerungen an frühere Leben

Manche Menschen erinnern sich an frühere Leben. Wenn diese Erinnerungen genau genug sind und Orts- und Personennamen enthalten, lassen sie sich nachprüfen. Die tibetischen Tulkus sind keineswegs die einzigen, die sich an frühere Leben erinnern können.

Genaugenommen kann man aus solchen Erinnerungen nicht auf die Richtigkeit der Reinkarnations-Theorie schließen, sondern nur darauf, daß es für einen Menschen möglich ist, sich telepathisch das Wissen über die Lebensumstände eines Menschen, der in früherer Zeit gelebt hat, zu verschaffen – was subjektiv gesehen dann wie eine Erinnerung aussieht.

Aber auch diese „Minimal-Schlußfolgerung" aus diesen Erinnerungen zeigt bereits, daß das Thema Reinkarnation nicht ganz aus der Luft gegriffen sein kann.

Es gibt im Zusammenhang mit der Reinkarnation ein interessantes Phänomen: Kinder bis ca. 5 Jahre scheinen sich des öfteren an Szenen erinnern zu können, die nicht in ihrem derzeitigen Leben spielen und in denen sie manchmal Erwachsene sind. Diese Erinnerungen fallen natürlich nur dann auf, wenn sie darüber zu erzählen beginnen und die Erwachsenen ihnen interessiert und aufmerksam zuhören.

Oft sind diese Erinnerungen so allgemein, d.h. ohne konkrete Namen o.ä., daß sich die Richtigkeit dieser Erinnerungen nicht durch Nachforschungen bestätigen läßt.

Ich selber habe als Kind in mir ein lebhaftes Bild von einem sehr einfachen Haus ohne Wasser und Strom am Waldrand gehabt, in dem ich als Erwachsener gelebt habe – aus meiner Kindersicht bin ich ein alter Mann gewesen. Ich habe in diesem Haus des öfteren einen Raum mit Holzregalen und ein Fenster gesehen, durch das ich auf eine Wiese hinausgeblickt habe. Ich hatte den Eindruck, daß dieser Mann Kräuter gesammelt hat, und als ich das erste mal das Wort „Alchemist" gehört hatte, habe ich das Gefühl gehabt, daß dieser Mann ein Alchemist gewesen ist.

Mit 30 Jahren bin ich dann in ein „Hexenhaus" am Waldrand gezogen, das keine Adresse hatte und in dem es weder Wasser noch Strom gab und das dem Haus, daß ich als Kindergarten-Kind gesehen hatte, sehr ähnlich war.

Habe ich mich damals an ein früheres Leben erinnert oder habe ich mein zukünftiges Leben vorhergesehen?

Ähnliche Fragen stellen sich bei seinem sehr großen Teil derartiger Kinder-Erinnerungen, aber manche Kinder können sich auch an nachprüfbare Dinge erinnern.

Schließlich gibt es noch den Fall, daß man jemanden trifft und das deutliche Gefühl hat, den Betreffenden bereits zu kennen. Mir selber ist das bisher viermal passiert. Man sollte mit Schlußfolgerungen aus solchen Erlebnissen jedoch vorsichtig sein, da es sehr schwierig nachzuprüfen ist, ob diese Gefühle wirklich auf einer Begegnung in einem früheren Leben beruhen.

Einer dieser Fälle war eine Frau, die als Kundin in den Bioladen gekommen ist, in dem ich 20 Jahre lang gearbeitet habe. Wir haben kein Wort miteinander gewechselt und uns nur einmal kurz angeschaut. Dieser Blick hat mir jedoch keine Ruhe gelassen und nachdem ich ihre Telefonnummer herausgefunden hatte, habe ich sie angerufen und ihr gesagt, daß ich das Gefühl habe, daß ich sie kennenlernen müßte, aber keine Ahnung hätte, wieso. Da hat sie gelacht und gesagt, daß ich dann doch mal vorbeikommen solle. Wir haben uns die ganze Nacht hindurch unterhalten wie alte Bekannte und uns unsere Leben und unsere Ansichten erzählt. Am Morgen hatten wir das Gefühl, daß wir „Freunde fürs Leben" werden würden – was sich auch so entwickelt hat.

Mit dieser Frau steht ein Phänomen in Zusammenhang, das ich beim Meditieren gehabt habe – das erste mal mit 30 Jahren. Wenn ich beim Meditieren einen bestimmten angenehmen Zustand erreicht hatte, ist in meinem Hals ein derart heftiger Schmerz aufgetreten, daß ich husten und würgen mußte, mich fast übergeben habe und manchmal fast ohnmächtig geworden bin. Dieser Schmerz ist vor allem dann aufgetreten, wenn ich die Stille-Meditation benutzt habe, bei der man nur noch ein Bewußtsein ohne Inhalte ist, das sich seiner selbst gewahr ist. Ich habe nach und nach gelernt, diesen Schmerz meistens vermeiden zu können, aber ich bin trotzdem immer wieder in ihn hineingeraten.

Im Alter von ca. 46 Jahren hat es mir dann eines Tages einfach gereicht und ich habe mich auf mein Bett gelegt und mit völliger Entschiedenheit und auch mit einer gewissen Wut gesagt, daß ich erst dann wieder aufstehen werde, wenn ich verstanden habe, was da eigentlich vor sich geht.

Ich habe mich daraufhin gefragt, wie ich die Quelle dieses Schmerzes herausfinden kann. Ich habe mit meinem Hals zu sprechen versucht, in ihn hineingefühlt und allerlei Ähnliches ausprobiert – aber entweder geschah garnichts oder der Schmerz wurde zu heftig. Schließlich bin ich auf die Idee gekommen, mich dem Schmerz zu nähern, aber so viel Abstand zu halten, daß er mich nicht überwältigt, und ihn dann als einen roten Faden zu benutzen, an dem entlang ich mit meiner Aufmerksamkeit in die Vergangenheit zu seiner Ursache reise.

Lange Zeit geschah erst einmal garnichts. Nach ungefähr einer Stunde habe ich dann ein rotes Mandala gesehen, das recht feurig gewirkt hat. Dieses Mandala sah sehr faszinierend aus, aber ich habe dem Mandala gesagt, daß ich nach der Ursache für die Schmerzen in meinem Hals suche, und bin weiter an meinem roten Faden in die Vergangenheit zurückgereist.

Als nächstes habe ich ein Zimmer gesehen, daß orientalisch aussah. Der Einrichtung des Zimmers zufolge muß diese Szene aus einer Zeit vor etlichen Jahrhunderten stammen. In dem Zimmer saß eine junge Frau und ich wußte, daß ich eine enge Verbindung zu ihr hatte. Sie hat mich angeschaut, aber geschwiegen. Es war ziemlich deutlich, daß wir einander lieben.

Da dies jedoch nicht die Erklärung für die Schmerzen in meinem Hals sein konnte, habe ich wieder gesagt, daß ich nach deren Ursache suche, und bin weiter meinem roten Faden gefolgt.

Dann habe ich nach einer Weile einen Mann gesehen, der größer, stärker und reicher war als ich damals gewesen bin – und er war im Gegensatz zu mir bewaffnet. Er trug eine Kleidung, deren Stil ich nicht kannte, die aber indisch wirkte. Auch der Mann selber und ebenso die Frau in dem vorigen Bild sahen indisch aus. Der Mann trug eine seltsame Kopfbedeckung, die vermutlich aus Filz hergestellt worden ist und ein bißchen wie ein kurzer, nach obenhin schmaler werdender, grauer Zylinder ohne Krempe aussah.

Ich stand auf einem hölzernen Steg in einem schlammigen Fluß – ich hatte das Gefühl, daß es der Ganges sei. Links und rechts an dem Steg lagen kleine Boote an dem Steg. Der Mann vor mir kochte vor Wut.

Ich habe mich gefragt, was hier eigentlich vor sich geht. Daher bin ich mit meinem Bewußtsein in den Mann gewechselt, um ihn besser zu verstehen. In irgendeiner Weise „gehörte" die Frau aus dem vorigem Bild diesem Mann. Er war rasend eifersüchtig auf mich. Ich konnte mich nun selber sehen – ich bin ca. 17-18 Jahre alt gewesen, etwas schmächtig, ein wenig schüchtern, sensibel, aber gutaussehend.

Dann bin ich wieder in meine damalige Gestalt zurückgewechselt und habe wieder danach gefragt, was die Ursache für die Schmerzen in meinem Hals ist. Da habe ich gesehen und gespürt, wie der Mann gegen meine Brust geschlagen oder mit einer stumpfen Waffe nach meiner Brust gestoßen hat, sodaß ich hintenüber in das schlammige Wasser gestürzt bin. Da kam ein Krokodil und biß mir den Kopf ab. In dem Moment wurde mir klar, woher die Schmerzen in meinem Hals stammen.

Die Freundin, die ich im Bioladen kennengelernt hatte, sah wie eine Inderin aus, obwohl sie halb Deutsche und halb Holländerin war. Sie hatte auch immer wieder eine große Sehnsucht nach Indien und ist mit 18 Jahren nach Indien gereist und dann dort entführt und wochenlange gefangengehalten worden, bis sie ihre Entführer überlisten und fliehen konnte.

Kurze Zeit, nachdem wir uns kennengelernt hatten, kam sie mit einem Mann zusammen, der große Ähnlichkeit mit dem Mann aus meinen Bildern hatte und der auch zeitweise eifersüchtig auf mich gewesen ist. Hier scheint eine Situation aus einem früheren Leben neu-inszeniert worden zu sein.

Ein weiteres Puzzlesteinchen in diesem Bild war, daß ich in meiner Pubertät eine Riesenangst davor gehabt habe, daß irgendjemand merken könnte, daß in mir die Sexualität erwacht war – es war ein Gefühl, als ob auf Sexualität die Todesstrafe stehen würde.

Als ich mit 19 das erste mal ein Drama zu schreiben begonnen habe, war eine der Hauptpersonen eine junge Inderin, in die sich der junge Mann, der in dem Drama mich selber verkörperte, verliebt gewesen ist – was jedoch fast nur zu Leid geführt hat.

Mit 24 Jahren habe ich meine eigene Seele gefunden und dieses Gefühl von Erwachen, Erfülltsein und Richtigkeit kennengelernt, das damit verbunden ist. Nach und nach ist mir dann klar geworden, daß diese Qualität auch zwischen zwei Menschen möglich sein müßte. Genau das habe ich mehrmals mit meiner „indischen Freundin" erlebt – eine grundlose, überschäumende Freude, die einen vollkommen erfüllt. Man kann dann vor lauter Freude nur noch lachen oder tanzen. Das habe ich bisher nur mit drei Menschen erlebt.

Als ich meinen inzwischen jahrzehntelangen Freund das erste Mal gesehen habe, hatte ich das Gefühl, als ob eine Dynamitstange explodieren würde. Er kam zusammen mit einem anderen Bekannten in einen Raum, wo sich ein Dutzend Frauen und Männer versammelt hatten, die ihre Erfahrungen mit Magie und Meditation miteinander austauschen wollten. Ich konnte mir damals keinen Reim auf meine heftige Reaktion machen.

Das war das erste meiner vier Erlebnisse, bei denen ich das Gefühl gehabt habe, jemanden schon zu kennen. Das zweite Erlebnis war die eben geschilderte Begegnung mit meiner „indischen Freundin".

Die dritte Begegnung hatte einen ganz anderen Charakter. Als ich dem betreffenden Mann in dem Dorf, in dem ich wohne, das erste mal begegnet bin, standen mir die Haare vor Entsetzen zu Berge und ich habe sofort die Straßenseite gewechselt, um nicht an ihm vorübergehen zu müssen (so verhalte ich mich normalerweise nicht). Ich wollte ihm nie wieder begegnen, doch es war offenbar anderes geplant.

Während ich im Urlaub gewesen bin, haben die anderen, mit denen ich damals den Bioladen betrieben habe, ihn als Aushilfe eingestellt. Nach sehr vielen Verwicklungen kam es schließlich dazu, daß er der Ladeninhaber und ich seine Aushilfe geworden bin. Es ist ihm nach 10 sehr schwierigen Jahren mit ihm schließlich gelungen, mich derart zu verletzen und fertig zu machen, daß endlich das erste Mal meine Wut ausgebrochen ist.

Bei dem ersten dieser ca. ein Dutzend Wutanfälle innerhalb eines Monats fühlte ich mich noch wie ein unbeholfener Surfer auf einer riesigen Woge, doch nach und nach wurde ich immer souveräner in meiner Wut, sodaß sie schließlich zu einer gelassenen ruhigen Kraft wurde, gegen die mein damalige Chef nichts mehr ausrichten konnte. Als ich das erreicht hatte, konnte ich den Bioladen verlassen.

Ich bin meinem „Peiniger" wirklich dankbar, daß er es mir ermöglicht hat, meine verdrängte Wut zu integrieren. Seit meiner Schulzeit und bis zu diesem Zeitpunkt gab es stets mehrere Menschen, die mich mehrmals die Woche verprügelt haben – im Alter von 6-18 Jahren war dies physische Prügel und anschließend dann in der Regel nur noch psychische Prügel.

Seit ich meine Wut integriert habe, gibt es keine solchen „Peiniger" mehr in meinem Leben.

Die vierte Begegnung war wieder mit einer Freundin. Auch bei ihr habe ich beim ersten Blick gewußt, wie wichtig sie für mich ist, und ich habe so etwas wie „Verwandtschaft" zu ihr gespürt – die auch sie gespürt hat.

Mit ihr habe ich bei einer einfachen Umarmung das Erwachen der Kundalini erlebt – die zweite Stufe, bei der der ganze Körper von einer Hitze durchströmt und eingehüllt wird. Auch sie hat gleichzeitig dieses herrliche Erlebnis gehabt.

Nun kann man sich fragen, was bei diesen vier Begegnungen eigentlich geschehen ist. Nimmt man bei einer solchen Begegnung die Vergangenheit oder die Zukunft wahr? Zunächst einmal läßt sich nicht unterscheiden, ob das „Wiedererkennen" tatsächlich ein Wiedererkennen, also eine Erinnerung an eine Begegnung in einem früheren Leben ist, oder ob das Wiedererkennen darauf beruht, daß man man bei der Begegnung spürt, was man noch gemeinsam erleben wird.

Auch bei den Bildern, die ich bei der Suche nach der Ursache der Schmerzen in meinem Hals gesehen habe, ist es schwer zu entscheiden, ob sie tatsächlich Erinnerungen an frühere Leben sind oder ob ich sie aus dem, was schon in meinem Leben war, zusammengefügt habe. Die Entscheidung darüber, welche Deutung dieser Bilder die richtige ist, wird noch dadurch erschwert, daß man sein Karma neu-inszeniert.

Die Vielzahl der Elemente aus meinem Leben und aus dem meiner „indischen Freundin", die sich durch diese Bilder erklären lassen, scheinen mir eher für eine Erinnerung an ein früheres Leben zu sprechen.

X 2. Die „Seelen-Gruppe"

Nachdem ich meine eigene Seele mit 24 Jahren durch Traumreisen und Meditationen gefunden hatte, habe ich etliche male, wenn ich zu meiner Seele gegangen bin, das Erlebnis gehabt, zu einer Gruppe ähnlicher Wesen zu kommen, die mich begrüßt und in ihren Kreis aufgenommen haben.

Diese Erlebnisse waren von ihren Bildern her recht verschieden: eine Gruppe von leuchtenden Wesen, die im Kreis um mich standen; leuchtende Wesen, die auf den Rängen eines Amphietheaters saßen und zu mir in die Mitte der Arena herabblickten; ein Kreis aus leuchtenden Menhiren, in deren Mitte ich stand, und die mir Licht zugesandt haben; eine Gruppe von leuchtenden „Menschen", die vor mir standen und mich herzlich und voller Freude begrüßt haben – eine von ihnen war eine alte, füllige und sehr resolute Frau.

Im Laufe der Zeit bin ich zu dem Schluß gekommen, daß diese leuchtenden Wesen vermutlich meine früheren Inkarnationen sind – einfach deshalb, weil ich sie als enger mit mir verwandt empfinde, als es selbst meine eigenen Kinder sind. Sie fühlen sich fast wie mit mir identisch an.

Auch die Menschen, die ich bei ihrer Reise zur Mitte begleitet habe, haben manchmal diese Gruppe von leuchtenden Wesen gefunden. Auch dort schien es mir am schlüssigsten, sie als die früheren Inkarnationen dieser Menschen anzusehen.

Diese „Empfindungen" sind natürlich kein Beweis für meine Deutung dieser Gruppe, sondern eben nur eine „plausible Vermutung", den ich habe.

X 3. Eine Traumreise nach Chesed

Die folgende Vision stammt von einer Reise von meinem Freund Jörg und mir nach Chesed, die wir unternommen haben, weil ich zu dem Schluß gekommen war, daß ich, um in meinem Leben zurechtkommen zu können, wissen müßte, warum sich meine Seele eigentlich entschlossen hat, in diesem Leben solch einen Harry zu erschaffen.

Chesed ist ein Bereich auf dem kabbalistischen Lebensbaum, der einen der Bereiche der „Seelen-Ebene" darstellt, zu dem u.a. der „Kreis der früheren Reinkarnationen" und die Akasha-Chronik gehören.

Die Traumreise begann damit, daß ich in meiner Erinnerung erst in Fünfjahresschritten und dann in Jahresschritten Richtung Geburt zurückgekehrt bin und dabei Jörg gesagt habe, wo ich gerade bin. Da ich mich bereits an meine Geburt erinnern konnte, war der Weg bis dahin recht einfach. Jörg saß in diesem Teil unseres

Experiments nur neben mir und sah lediglich vereinzelte, flüchtige Bilder von meinem Leben und fühlte sich eher außenvor.

Zunächst war die Wahrnehmung aus der Zeit vor meiner Geburt so, wie man sie sich auch vorstellen würde: gedämpftes Licht, warm, schwerelos, kein eigenes Atmen, Essen oder Trinken – eher Ruhen und Warten.

Beim Erreichen des Zeitpunktes von 4 Wochen nach der Zeugung änderte sich die Wahrnehmung: Ich war ein Bewußtsein und habe gesehen, daß ich eine (Lebens-kraft-)Kugel war, die nach allen Seiten hin ca. 10cm über den Bauch meiner Mutter hinausragte.

Bei 3 Wochen nach der Zeugung war diese Kugel deutlich größer (Durchmesser ca. 1,5 m) und die Kugel schien um ihren Mittelpunkt zu kreisen, der im Unterleib meiner Mutter verankert war.

Bei 2 Wochen nach meiner Zeugung war diese Kugel noch größer (Durchmesser ca. 4m) und mein Bewußtsein befand sich wie eine Kugel innerhalb dieser Kugel auf einer Umlaufbahn, wodurch sich eine Art Wirbel ergab.

(Diese Kugel kann man manchmal bei Frauen spüren, die in den ersten drei Wochen schwanger sind.)

1 Woche nach meiner Zeugung war dieser Zustand in etwa genausogroß, nur fühlte sich die Verankerung noch sehr lose an. Zum Zeitpunkt meiner Zeugung befand ich mich in der Nähe meiner Eltern und konnte ihre Gefühle wahrnehmen. Ich habe mich kurz gefragt, ob das jetzt nicht ziemlich indiskret ist, aber da ich ja in gewisser Weise die Hauptperson bei diesem Ereignis war, beschloß ich, daß es o.k. ist, wenn ich mir das anschaue.

Als ich dann vor meine Zeugung zurückgekehrt bin, sah ich meine Seele in sich versunken in einer schweren, ernsten, fast gedrückten Stimmung und ich habe mich gefragt, ob sich alle Seelen kurz vor der Zeugung ihres zukünftigen Körpers so fühlen. Ich hatte nun das Gefühl, daß Jörg jetzt neben mich kommen könnte, da ich mich nun außerhalb meiner Erinnerungen als Harry befand und wir nun in dem uns vertrauten Bereich der Traumreise waren.

Ich frug Jörg danach und als er einverstanden war, sandte ich einen Lichtstrahl von mir zu ihm, um den Weg zu mir zu markieren. Als der Lichtstrahl bei ihm ankam, hatte ich das Gefühl, ich solle ihm entlang des Lichtstrahles meine Hand reichen (nur in der Vision, nicht mit meiner materiellen Hand) und ihn zu mir herüberziehen. Bei diesem Herübergezogenwerden hatte Jörg das Gefühl, durch mehrere Seiten des Ägyptischen Totenbuches gezogen zu werden.

Als er dann neben mir angekommen war, betrachteten wir meine Seele und Jörg wies mich darauf hin, daß die Seele hier vor einem Platz sitzt, der wie eine Arena wirkt. Auf unsere Fragen an die Arena nach ihrem Wesen erhielt Jörg die Antwort 'Vorbereitung' und ich 'Platz des Schweigens' – also ein Platz der schweigenden Vorbereitung der Seele(-n?) auf ihre nächste Inkarnation.

Auf meine Frage an den 'Platz des Schweigens', wo ich Informationen über meinen Entschluß zu diesem Leben erhalten könnte, wurde ich von ihm zu einem Ort weit hinter mir verwiesen. Jörg und ich drehten uns um und flogen dorthin. Ich sah eine große, runde Kugel, deren Oberfläche große Schlieren hatte, wie von einer langsam fließenden Flüssigkeit.

„Apatschenträne", sagte Jörg (=Rauchobsidian).

„Paßt gut," entgegnete ich, „in der Steinheilkunde ist der Rauchobsidian der Stein, der einen zu dem zurückbringt, was man ursprünglich einmal gewollt hat. Und die Schlieren in der Kugeloberfläche haben wirklich Ähnlichkeit mit der fließenden Lava, aus der der Rauchobsidian ja entsteht. – Schau mal, da ist ein Raum innen in der Kugel und eine Art Sitz. Ich gehe mal hinein."

„Ich bleibe draußen – der Ort ist nicht für mich zugelassen."

„Ja, das fühle ich auch so."

Auf dem Sitz fühlte ich wieder die Schwere im 'Gemüt' der Seele, die ich auch schon an dem 'Platz des Schweigens' in ihr gespürt hatte. Als ich mich mit meiner Seele vereint hatte und dort in der Kugel auf dem Sitz saß, konnte ich mein Bewußtsein nur nach vorne auf die kommende Inkarnation richten – offenbar war meine Seele ausschließlich mit dem Entschluß für diese Inkarnation beschäftigt. Es gelang mir nicht, konkretere Informationen von ihr über den Grund für dieses kommende (mein jetziges) Leben zu erhalten. Auf meine Frage an meine Seele erschien aber links hinter mir eine Art von Lichtstrahlen, die zu der von mir erwünschten Information hinwiesen.

„Wir müssen noch weiter, Jörg, hier gibt es die Informationen noch nicht."

Wir flogen auf die Quelle dieses Lichtes zu und waren überrascht, ein riesiges, weißstrahlendes Gebäude zu sehen, in dem und vor dem es nur so von ebenfalls weißstrahlenden Menschen wimmelte. Das turmartige Gebäude war weit größer als alles, was es bisher an von Menschen errichteten Gebäuden gibt. Als wir das Gebäude betreten wollten, spürten wir, daß das für uns verboten ist.

„Nur Tote dürfen das Haus betreten," sagte Jörg, „es sei denn, man erfüllt bestimmte Bedingungen."

„Welche Bedingungen?"

„Weiß ich nicht."

„Wen sollen wir fragen? Den Pförtner des Hauses?"

„Ja, das habe ich auch gerade gedacht."

Vor dem Pförtner-Fenster war ein großes Menschengedränge und es dauerte eine Weile, bis ich zu dem Fenster gelangte und dem Pförtner meine Frage stellen konnte.

„Die Bedingung ist, daß jeder Lebende, der den Grund für seine Inkarnation erfährt, seiner Wahrheit folgen muß."

Als ich Jörg diese Antwort mitteilte, stimmte er mir zu. „Ich habe als Antwort erhalten, daß nach dem Betreten dieses Hauses die Rest-Freiheit, die man aufgrund seiner

Unwissenheit hat, verschwindet und man an seinen Entschluß gebunden ist."

Nach kurzem Überlegen beschloß ich, diese Bedingung anzunehmen und teilte dies dem Pförtner mit, woraufhin ich in das Haus eintreten konnte. Jörg sagte mir, er müsse außen bleiben, könne aber in das Gebäude hineinsehen, da wir auf unserer früheren Chesed-Reise schon einmal in diesem Gebäude, das damals etwas anders ausgesehen hatte, gewesen sind.

„Es ist schon seltsam, wieviele 'Tote' es gibt – das macht man sich normalerweise garnicht so klar ... und sie sehen lebendiger aus als die Lebenden." meinte Jörg.

In dem Gebäude waren ebenfalls sehr viele weißstrahlende Menschen. Ich wünschte mich in dem Gebäude an den richtigen Ort und gelangte in einen großen, hohen, länglichen Raum, der an eine gotische Kirche erinnerte. In diesem Raum befand sich im mittleren Drittel (von der Höhe her gesehen) sehr viel Angst. Als ich die Stirnwand des Raumes betrachtete, erschien dort ein großes Bild, wodurch der Raum wie ein Kino wirkte, auf dem ich eine Landschaft vorbeiziehen sehen konnte, die mir bekannt vorkam. Dann kam eine Szene, in der ich meinen Tod in einem meiner früheren Leben, von dem ich bereits einige Visionen gehabt hatte, sehen konnte.

„Schau mal an die Wände", sagte Jörg, „dort sind Gesichter."

Als ich an den Seitenwänden emporblickte, sah ich auch diese Gesichter und ich erkannte sie als meine früheren Inkarnationen, die ich z.T. auf früheren Reisen schon gesehen hatte.

Als ich sie betrachtete und dachte, wieviel Angst hier ist, korrigierte mich eines der Gesichter: „Angst, Gier und Haß!"

(Das sind die drei Dinge, die Buddha zufolge das Leid erschaffen.)

Etwas ratlos schaute ich mich um.

„Dieser Raum ist nicht nur ein 'Kino', sondern auch eine Bibliothek", meinte Jörg.

Als ich überlegte, wo ich in diesem Raum die Informationen über die Absicht meiner Seele für mein jetziges Leben finden könnte, spürte ich vorne über dem Raum ein großes, helles, weißes Licht, das auch Jörg im oberen Drittel des Gebäudes strahlen sehen konnte und dessen Namen ich spontan als 'Weisheit' erkannte. Das Sprechen mit diesem Licht war sehr einfach und die Antworten kamen sehr klar. Ich wünschte mich hinüber zu diesem Licht.

Von außen betrachtet wirkte es fast endlos, von innen her (als ich mich mit dem Licht verbunden hatte), waren seine Grenzen deutlich zu erkennen. Es hatte keine innere Struktur, lediglich diese äußere Grenze, die man aber von außen her fast nicht erkennen konnte.

Ich meinte zu Jörg: „Ich glaube dieses Licht ist die höchste Form, die ein Lebewesen annehmen kann, das noch abgegrenzt ist."

Als ich dieses Licht nach der gewünschten Information frug, zeigte es mir eine Stelle an der Wand des Raumes, in dem wir uns befanden.

„Dahinter liegt das Wissen, die Kenntnis Deines ganzen Lebens."

„Wenn ich die Absicht für mein jetziges Leben erfahren will, bedeutet das, daß ich den gesamten Verlauf meines jetzigen Lebens erfahren werde?"

„Ja."

„Hm, ich glaube, ich überlege mir das noch eine Weile – das möchte ich lieber nicht überstürzen."

Ich bedankte mich und ging wieder hinaus zu Jörg und sagte zu ihm: „Den gesamte Verlauf meines Lebens zu kennen ist ja schon recht merkwürdig – das verändert vollständig die Perspektive."

„Ja, dann verschwindet die Freiheit, so wie der Pförtner es gesagt hat."

„Sie verschiebt sich eher von der Ebene meiner Psyche auf die Ebene meiner Seele."

„Aus der scheinbaren Freiheit oder begrenzten Freiheit während des Lebens wird dann die Freiheit des Entschlusses zu diesem Leben."

„Nun, dazu paßt es auch, daß man durch diese Kenntnis zur Treue zur eigenen Wahrheit verpflichtet wird."

„Gibt es hier noch etwas Wichtiges zu tun, bevor wir zurückkehren? – Ich glaube, da vorne links ist etwas, wo wir noch einmal hinsollten."

Wir kamen zu einem Art Teich oder Brunnen, der von einer gut kniehohen Mauer umgeben war und in dessen Mitte sich eine weitere kleine, kreisrunde Mauer befand.

Ich frug: „Wie heißt der Ort?"

Ich sagte Jörg, was ich gehört habe: „Ich bekomme als Antwort 'See der Erinnerungen'."

„Was sollen wir hier?"

„Die Hand hineinhalten oder davon trinken."

„Eine Münze hineinwerfen."

„Es scheint also um eine symbolische Kontaktaufnahme zu gehen. Und es scheint wichtig zu sein, daß nicht nur einer von uns, sondern daß wir beide den Kontakt aufnehmen."

Also beugten wir uns beide über das Wasser und nahmen Kontakt auf. Ich sah einen Drachen im chinesischen Stil und Jörg Kriegsszenen. Als wir uns darüber austauschten, wechselten die beiden Szenerien zwischen uns.

(Wir schienen also wieder in Geburah zu sein, d.h. in dem 'Mars-Bereich', in dem ich zuvor in der 'Lavakugel' gesessen hatte.)

Ich sagte zu Jörg: „Da es für uns beide wichtig zu sein scheint, laß uns hineingehen."

„Na, gut."

Die Szene wurde sofort deutlicher und wir standen vor einem Drachen, der uns in sein Feuer hüllte.

(Einen ähnlichen Drachen kannten wir schon von einer früheren Traumreise nach Geburah.)

„Das Feuer bedeutet einen Segen mit Stärke, Jörg."

Ich legte eine Hand auf die Schuppen des Drachen und fühlte die glattgescheuerte, glänzende Hornschuppe und die länglichen Erhöhungen und Grate auf ihr und sagte verwundert: „Komisch, ich habe noch nie einen Drachen angefaßt."

Dann mußte ich fast lachen, als mir bewußt wurde, was ich da gesagt hatte.

Nach einer Weile kehrten wir dann nach oben vor den Brunnen zurück. Dort spürten wir, daß es wichtig ist, in diesem Fall genaudenselben Weg zurückzukehren, den wir gekommen waren.

Was wir dann auch taten.

Das Wesen, dem ich auf dieser Traumreise an dem 'Platz des Schweigens' und in der 'Lavakugel' begegnet bin und daß ich „Seele" genannt habe, ist eigentlich die Vorbereitung meiner derzeitigen Inkarnation gewesen. Meine Seele ist das Licht in dem großen Gebäude gewesen.

Der Saal der Erinnerungen an die früheren Inkarnationen, der manchmal auch „Akasha-Chronik" genannt wird, ist eine detailreiche Variante des Erlebnisses, das bisweilen auf der Reise zur eigenen Mitte auftritt: Die Menschen, die ihre eigene Seele gefunden haben, gehen danach manchmal noch weiter, bis sie zu einem Kreis von „leuchtenden Menschen" kommen, die dem Traumreisenden wie Brüder und Schwestern erscheinen – wobei diesen Traumreisenden nur in den seltensten Fällen sofort deutlich wird, daß dies die Gestalten ihrer eigenen früheren Inkarnationen sind.

Diese Traumreise hat mich darin bestätigt, diesen „Kreis von leuchtenden Geschwistern" als meine früheren Inkarnationen anzusehen.

X 4. Die Neu-Inszenierung des Karmas

Wenn man einmal davon ausgeht, daß es die Reinkarnation gibt und daß auch das „Karma" von einem Leben auf das nächste übertragen wird, dann stellt sich die Frage, wie es dazu kommt, daß man am Anfang seines neuen Lebens dort weitermachen kann, wo man am Ende seines vorigen Lebens aufgehört hat.

Man hat die dazu passenden Eltern, die dazu passenden Lebensumstände und das dazu passende Horoskop – aber es werden auch die passenden Erlebnisse benötigt. Wenn man sieht, wie verschieden kleine Kinder auf dieselbe Situation reagieren, dann hat es den Anschein, daß das Karma sowohl durch große als auch durch kleine Ereignisse das neu-inszeniert wird.

Wie sieht dieser Vorgang aus der Sicht der Seele aus? Die Seele steht in einer bereits geprägten Situation, die einen Rahmen vorgibt: ihre bisherigen Erlebnisse und das sich daraus ergebende Karma. Diesen vorgegebenen Rahmen könnte man auch als den aktuellen „Stand der Dinge" im Leben dieser Seele umschreiben. Das ist der Punkt, von dem die Seele bei der Gestaltung ihres nächsten Lebens und des dazugehörenden Horoskops ausgeht.

Vermutlich wird die Seele das tun, was ihr als das Sinnvollste erscheint – denn dieses Prinzip ist in allen existierenden Wesen enthalten. Dieser von der Einsicht in die Zusammenhänge gelenkte Egoismus ist eines der Grundmerkmale des Lebens – ohne dieses Verhalten könnte sich kein Wesen selber erhalten.

Die Seele steht also nach dem Tod ihrer vorigen Inkarnation da und schaut sich um und wird sich dann zu der nächsten Inkarnation entschließen, die ihr am sinnvollsten erscheint. Das gleicht in etwa einem Menschen, der morgens nach dem Aufstehen den nun angebrochenen Tag plant.

Daraus ergibt sich eine sehr wesentliche Schlußfolgerung: Die Seele will ihre Inkarnation und sie will sie genau so, wie sie ist. Die Seele will also auch genau die Eltern und die Lebenssituation und das Horoskop haben, das sie bei ihrer nächsten Inkarnation hat:

Die Seele ist nicht das Opfer ihres Karmas, sondern die Schöpferin ihrer nächsten, bestmöglichen Inkarnation.

Das Horoskop ist vor allem der Ausdruck des Willens der Seele – und nicht des Sachzwanges der Umstände.

X 5. Reinkarnations-Therapie

Bei der Reinkarnations-Therapie wird eine Person in Hypnose versetzt und reist dann in ein früheres Leben zurück. Der Weg, der dabei beschritten wird, ist derselbe wie der, den Jörg und ich auf der im vorletzten Kapitel beschriebenen Traumreise gegangen sind.

Die Berichte über solche Reisen können zunächst einmal nicht die Reinkarnation beweisen, aber sie zeigen mehrere Dinge, die für die Erforschung der Reinkarnation wichtig sind:

    - Es können Informationen über Ereignisse in früheren Zeiten erlangt werden, die dem Betreffenden auf „normalem Wege" nicht zugänglich gewesen sind.

    - Die Schilderungen der Ereignisse nach dem Tod folgen bei allen Menschen demselben Muster.

    - Auch die Schilderung der Ereignisse vor der Geburt folgen bei allen Menschen diesem Muster.

- Weiterhin folgen auch Traumreisen zur eigenen Seele diesem Muster.
- Die geschilderten Ereignisse in den früheren Leben sehen wie die Ursachen für die Schwierigkeiten in dem derzeitigen Leben der betreffenden Personen aus.

Das Erlangen von Informationen über das Leben bereits verstorbener Menschen findet sich auch bei der Telepathie, den Familienaufstellungen und bei den tibetischen Tulkus.

Die übereinstimmenden Schilderungen der Erlebnis-Muster nach dem Tod und vor der Geburt sowie auf den Traumreisen zur Seele zeigen, daß es eine Struktur geben muß, die in allen Menschen vorhanden ist oder in der alle Menschen stehen und die eben diese übereinstimmenden Erlebnis-Muster hervorbringt.

Die Existenz dieses Musters als solches ist sicher, auch wenn die Ursache für dieses Musters zunächst noch unklar bleibt.

Die Deutung des Zusammenhanges zwischen den Reinkarnations-Erinnerungen und den Problemen in dem derzeitigen Leben ist schwieriger. Bei meinen eigenen Hypnose-Versuchen mit verschiedenen Menschen ist mit aufgefallen, daß manche Menschen unter Hypnose in frühere Leben geraten und dann vor allem dramatische Ereignisse und insbesondere ihren gewaltsamen Tod schildern. Diese Beobachtung stimmt mit den Berichten von anderen Menschen, die Erinnerungen an frühere Leben untersucht haben, überein.

Schon bei der ersten Schilderung von Visionen dieser Art durch einen Hypnotisierten habe ich mich gefragt, ob der Betreffende diese Vision hat, weil er tatsächlich einmal als Hexe verbrannt worden ist und deshalb nun Angst vor Feuer hat und von der Magie fasziniert ist – oder ob er aus ganz anderen, aus diesem Leben stammenden Gründen Angst vor Feuer und eine Neigung zur Magie hat und diese Charakterzüge dann in dem dramatischen Bild des Verbranntwerdens als Hexe zusammengefaßt hat.

Selbst dann, wenn sich Teile der Vision wie Ortsnamen, der Zeitpunkt der Hexenverbrennung u.ä. nachprüfen lassen, ist mit wirklicher Sicherheit trotzdem nur die Möglichkeit der telepathischen Beschaffung dieser Art von Informationen nachweisbar.

Die Tatsache, daß sich diese möglicherweise lediglich durch Telepathie erlangten Informationen gut in den Charakter des Betreffenden fügen (Verbranntwerden => Angst vor Feuer), spricht für ihre Deutung als Erinnerung an ein früheres Leben – schon einfach deshalb, weil diese Form der Informationsbeschaffung sehr komplex und umfassend sein müßte und viel zu häufig in der Hypnose vorkommt.

Eine solche umfassende Komplexität sollte man bei einer reinen „nachträglichen Illustration" einer Angst nicht erwarten – denn welchen Vorteil hätte die Psyche davon, die Dramatisierung ihrer Angst in der Hypnose-Vision zusätzlich mit z.T. sogar nachprüfbaren Fakten „anzureichern"?

Eine einfache Dramatisierung ohne die Einfügung zusätzlicher Daten, die erst noch telepathisch beschafft werden müssen, würde zur bildhaften Darstellung und Verarbeitung z.B. einer Angst (Feuer) vollkommen ausreichen … Und es ist nicht anzunehmen, daß die Psyche Dinge tut, die ihr nur zusätzliche Arbeit, aber keinen Nutzen bringen.

Man kann nun einmal so tun, als ob sich die Psyche doch diese Art von Informationen telepathisch beschaffen würde, um zu betrachten, was dabei genau geschehen müßte.

1. Zunächst einmal müßte die Psyche in der Lage sein, das betreffende Thema bildhaft darzustellen – was ja auch nachts im Traum geschieht.

2. Die Psyche müßte entscheiden, mit welcher Art von telepathisch beschafften Informationen sie diese Bilder anreichern will. Doch warum sollte sie das tun? Und warum wählt sie nicht immer nur nachprüfbare Informationen?

3. Ihre telepathischen Fähigkeiten müßten sehr weitreichend sein und auch in die Vergangenheit hineinreichen. Das ist u.a. bereits von der Homöopathie und von den Familienaufstellungen bekannt.

4. Weiterhin müßte die Psyche über einen „telepathischen Browser" verfügen, die das „kollektive Bewußtsein" in großer Geschwindigkeit durchsucht – so wie ein PC das Internet durchsucht.

5. Schließlich müßte die Psyche bereit sein, ihre echten Bewußtseinsinhalte (innere Bilder) mit den telepathisch beschafften Daten zu vermischen – und so sich selber absichtlich zu täuschen, da die Psyche kaum zwischen dem Ursprung ihrer inneren Bilder unterscheidet.

Wenn man diese Elemente zusammennimmt, erhält man ein Bild, daß sich von den Vorgängen bei der Homöopathie und den Familienaufstellungen in einem wesentlichen Punkt unterscheidet.

Bei der Homöopathie liegt der Charakter z.B. des Bärlapp-Elfs bereits durch dessen Geschichte fest. Ein Traumreisender kann daher mit dem Bärlapp Kontakt aufnehmen und diese Geschichte dann bildhaft erleben.

Bei den Familienaufstellungen liegt die Geschichte der Familie ebenfalls bereits fest und wird durch die Neu-Inszenierung durch die Stellvertreter der Mitglieder dieser Familie sichtbar. Dasselbe gilt auch, wenn man eine solche Aufstellung z.B. für ein Unternehmen oder für ein Horoskop durchführt.

Bei dem „Telepathie-Erklärungsmodell" für die Visionen von früheren Leben in der Hypnose würde die Psyche jedoch den Entschluß fassen, bestimmte Informationen zu brauchen, dann das kollektive Bewußtsein nach solchen Informationen durchsuchen und dann diese Informationen in das eigene innere Bild einbauen. Sie würde also die von ihr gewünschten Einzel-Motive Ausschau halten – statt wie bei Aufstellungen und Traumreisen Kontakt zu einem ausgewählten Gesamtbild (Bärlapp, Familie) aufzunehmen und dieses dann wahrzunehmen.

Selbst wenn man einmal davon absieht, daß die Psyche dabei etwas durchführen würde, was aus keinem anderen Zusammenhang bekannt ist, stellt sich auch noch die Frage, wieso die Psyche sich darum bemüht, das Wachbewußtsein des Menschen, zu dem sie gehört, sowie den Hypnotisieur bzw. Therapeuten durch die Benutzung falscher Informationen zu betrügen.

Die Deutung von Träumen, von Traumreise-Visionen u.ä. zeigt, daß die Bilder in der Psyche sehr präzise das Innere der Psyche bzw. der auf der Traumreise telepathisch erforschten Bereiche (Bärlapp-Elf, Seelen-Bereich u.ä.) wiedergibt. Dieses Prinzip der „Aufrichtigkeit" gilt auch für die Familienaufstellungen. Das Prinzip der absichtlichen Täuschung gehört hingegen zum Wachbewußtsein und nicht zu der inneren Bilderwelt (Traumbewußtsein, Psyche, Lebenskraftkörper).

Somit ist sicher, daß die Visionen, die unter Hypnose oder in Traumreisen auftreten, „echt" sind. Es ist möglich, daß man deren Bildersprache noch nicht fließend versteht und daher in ihrer Deutung unsicher ist, aber es widerspricht aller sonstigen Erfahrung, daß diese Bilder absichtlich lügen und betrügen.

Es gibt mehrere wichtige Elemente des Jenseitsweges der Seele nach ihrem Tod, die in der Reinkarnations-Therapie immer wieder berichtet werden:

- das Schweben über dem eigenen toten Leib,
- die Begrüßung durch leuchtende Wesen,
- der Weg durch einen Tunnel,
- ein Bereich, in dem das Alte verarbeitet und umgeformt wird,
- die Ankunft in einer Gruppe von leuchtenden Wesen.

In den Berichten mancher Forscher wie z.B. Michael Newton werden diese fünf Elemente sehr differenziert und detailreich dargestellt.

Die Struktur, die von diesen Forschern berichtet wird, stimmt auch mit den Traumreisen von Jörg und mir überein – obwohl wir von diesen Forschungsergebnissen vorher noch nichts gewußt hatten. Das ist zwar für Jörg und mich von Bedeutung gewesen, aber es beweist natürlich zunächst einmal nichts Zusätzliches zu dem, was in diesem Kapitel nicht schon beschrieben worden ist.

Die Details dieser Forschungen tragen kaum etwas zu der grundlegenden Frage bei, ob es Reinkarnation gibt oder nicht. Diese Details werden jedoch dann sehr wichtig, wenn man zu dem Schluß gekommen ist, daß die Reinkarnation die Vorgänge nach dem Tod zutreffend beschreibt.

X 6. Ergebnisse

Erinnerungen an frühere Leben kommen bei Kindern bis 5 Jahren vor und deutlich seltener auch bei Erwachsenen, sowie bei Menschen in Hypnose, auf Traumreisen und in der Meditation. Teilweise sind diese Erinnerungen überprüfbar.

Sehr häufig werden die traumatischen Erlebnisse am leichtesten erinnert. Der Zusammenhang dieser Erlebnisse mit dem derzeitigem Leben ist oft offensichtlich. Es ist sehr unwahrscheinlich, daß es sich bei diesen Bildern um die Dramatisierung derzeitiger Probleme handelt.

Bei der Begegnung mit Menschen, bei denen man das Gefühl hat, daß man sie schon kennt, sollte man sich fragen, ob dies eine Reinkarnations-Erinnerung ist oder „nur" das Vorhersehen, daß man mit diesen Menschen etwas Wesentliches erleben wird. Diese Frage ist oft nur schwer zu entscheiden.

Die Schilderungen der Ereignisse nach dem Tod, vor der Geburt und auf Traumreisen zu der Seele folgen alle demselben Muster und enthalten mehrere übereinstimmende Elemente:

> - das Schweben über dem eigenen toten Leib,
> - das Begrüßung durch leuchtende Wesen,
> - der Weg durch einen Tunnel,
> - ein Bereich, in dem das Alte verarbeitet und umgeformt wird,
> - die Ankunft in einer Gruppe von leuchtenden Wesen, die vermutlich die eigenen früheren Inkarnationen sind.

Es ist recht sicher, daß als eines der ersten Dinge in jedem Leben das eigene Karma neu-inszeniert wird – dies sind die „traumatischen Kindheitserlebnisse". Dies ist jedoch kein „Fluch", sondern der Selbstausdruck der eigenen Seele, die ihr neues Leben dort fortführt, wo sie ihr altes Leben beendet hat.

Menschen können sich an frühere Leben erinnern.

Die Grundstruktur der Erlebnisse nach dem Tod und vor einer neuen Geburt sowie auf Traumreisen zu der eigenen Seele ist bei allen Menschen dieselbe.

Am Beginn eines Lebens wird das eigene Karma neu-inszeniert, damit die Seele ihr voriges Leben fortsetzen kann.

Es ist oft schwierig zu unterscheiden, ob man sich bei einer Begegnung an etwas Vergangenes erinnert oder ob man die Zukunft vorhersieht.

XI   Weitere Strukturen

Ein Mensch, der geboren wird, wird durch verschiedene Faktoren geprägt. Die bekannteren davon sind die Gene, die Eltern und die allgemeinen Lebenssituation, in die man geboren wird. Dazu kommt dann noch das Horoskop.

Man könnte auch noch die bereits beschrieben sieben Entwicklungsschritte in einem Leben zu diesen Prägungen hinzuzählen, auch wenn diese einen sehr allgemeinen Charakter haben.

Es gibt jedoch noch mindestens drei weitere Strukturen, die das Leben eines Menschen in großem Maße formen. Diese drei Strukturen tragen vor allem dazu bei, die Komplexität des Themas „Reinkarnation" deutlich zu machen und die bisherigen Beobachtungen und Schlußfolgerungen zu bestätigen.

XI 1.   Die drei Verbündeten

Wenn die Seele sich inkarniert, hat sie einen bestimmten Charakter und eine bestimmte Absicht für das vor ihr liegende Leben. Beides ergibt sich aus ihrer bisherigen Geschichte und somit aus ihrem „Karma".

Dieser Charakter und diese Absicht der Seele hat eine Wirkung, die darauf beruht, daß die Welt auch durch Analogien geordnet ist. Da die Analogien mit der Lebenskraft verbunden sind, spielen sich die in diesem Kapitel beschriebenen Wirkungen des Charakters und der Absichten der Seele nicht nur in dem Lebenskraftkörper der betreffenden Person, sondern in dem „Lebenskraftkörper der Welt" ab. Diese von der Seele verursachten Wirkungen reichen also über den Körper, in dem sie sich inkarniert hat, hinaus.

Die Seele prägt den Lebenskraftkörper der befruchteten Eizelle, die einmal ihr Körper werden wird, mit ihrem Charakter und ihrer Absicht („Karma"). Dies ruft aufgrund der Analogie-Ordung eine „Resonanz" in der Welt hervor, die dazu führt, daß sich das, was dem Charakter und der Absicht dieser Seele am ähnlichsten ist, an den Lebenskraftkörper dieser Seele anlagert.

Diese „angelagerten Dinge" bleiben das ganze Leben über bei dem Lebenskraftkörper dieses Menschen, da sich der Charakter und die Absicht der Seele und auch das von ihr für ihre derzeitige Inkarnation ausgewählte Horoskop im Laufe eines Lebens nicht ändert.

Man kann durch Meditationen, Traumreisen, Träume u.ä. drei Dinge finden, die sich an den eigenen Lebenskraftkörper angekoppelt haben. Da diese drei Dinge dem Charakter und der Absicht der eigenen Seele sehr ähnlich sind (sonst hätten sie sich nicht

109

aufgrund der Analogie-Ordnung an sie angelagert), fördern sie durch ihre Anwesenheit die Verwirklichung der Absichten der Seele. Daher werden sie als drei Verbündete erlebt.

In dem Bereich der Tiere entsteht eine Resonanz zu dem Tier, das der eigenen Dynamik am ähnlichsten ist – das wesentliche Merkmal der Tiere ist ihre Bewegung. Das ist das Krafttier des Menschen.

In dem Bereich der Pflanzen entsteht eine Resonanz zu der Pflanze, die der eigenen Haltung am ähnlichsten ist – das wesentliche Merkmal der Pflanzen ist ihre Gestalt. Das ist die Kraftpflanze des Menschen.

In dem Bereich der Mineralien entsteht eine Resonanz zu dem Stein, das der eigenen Struktur am ähnlichsten ist – das wesentliche Merkmal der Mineralien ist ihr Aufbau. Das ist der Kraftstein des Menschen.

Wenn man diese drei Verbündeten gefunden hat, kann man an ihrem Charakter erkennen, welche Absicht die eigene Seele für ihre derzeitige Inkarnation hat. Der Charakter der drei Verbündeten stimmt natürlich mit dem Horoskop überein.
Diese Zusammenhänge lassen sich vermutlich am ehesten mit einem Beispiel veranschaulichen:

Mein Krafttier ist eine Wölfin. Die Ausdauer der Wölfe findet sich in meinem Mars-Saturn-Trigon wieder und das Leben in Rudeln in meinem Mond im 11. Haus.

Meine Kraftpflanze ist ein Thuja. Diese Pflanze, die auch „Lebensbaum" genannt wird, ist ein Symbol für den Jenseitsweg, der am ausführlichsten und detailliertesten durch den kabbalistischen Lebensbaum dargestellt wird. Dieses Symbol ist meine wichtigste innere Landkarte. Sie entspricht meinem gradgenauen Pluto-Neptun-Sextil (Pluto im 10. Haus, Neptun am Aszendenten), das die Verbindung zwischen Diesseits und Jenseits sucht.

Mein Kraftstein ist der Bergkristall. In ihm ist jedes Atom mit jedem anderen verbunden – er ist ein einziges Molekül. Er wächst extrem langsam, aber wird vollkommen klar. Dies entspricht meiner Merkur-Jupiter-Konjunktion in der Jungfrau im 10. Haus – langsames und gründliches Denken in komplexen Zusammenhängen.

Zwischen den drei Verbündeten gibt es viele Verbindungen, wenn man sich die homöopathischen Wirkungen dieser Steine, Pflanzen und Tiere, die Wirkung der Heil-steine, die Mythen der Krafttiere usw. anschaut.

> So ist z.B. mein Thuja der Jenseitsweg, der Wolf der Jenseitsführer und der Bergkristall das Bestreben, durch alle Dinge einschließlich der Jenseitsgrenze hindurchschauen zu können und aus dem Jenseits, d.h. aus der Seele heraus im Diesseits, also in meinem Körper zu leben – und diese Möglichkeit auch anderen zu zeigen.

Es ist nicht unbedingt nötig, die eigenen drei Verbündeten zu kennen, um sich selber zu verstehen, aber sie können eine große Hilfe dabei sein.

Ein großer Vorteil dieser Kenntnis ist, daß das Krafttier, die Kraftpflanze und der Kraftstein einen ganz anderen Teil des eigenen Wesens ansprechen als das Horoskop – sie sind ein Erlebnis und nicht eine intellektuelle Erkenntnis. Und man kann jederzeit innerlich mit seinen drei Verbündeten reden und ihren Rat und ihre Hilfe erhalten.

Daher entsteht aus der Verbindung der drei Verbündeten mit dem Horoskop ein viel lebhafteres Bild als es aus dem Horoskop alleine heraus möglich wäre.

Die Existenz dieser drei Verbündeten zeigt noch einmal, daß die Analogie-Ordnung ein Prinzip ist, das das Leben in allen Bereichen prägt.

Der physische Körper des Menschen ist ein Teil der gesamten Substanz der Welt.
Der Lebenskraftkörper des Menschen ist ein Teil des Lebenskraftkörpers der Welt.
Die Erinnerung des Menschen ist ein Teil der „kollektiven Erinnerung" der Welt.
Das Bewußtsein des Menschen ist ein Teil des „kollektiven Bewußtseins" der Welt.

Das Anteil eines Menschen an der Welt ist in allen diesen vier Bereichen fest in die Welt integriert: Sein Körper, sein Lebenskraftkörper, seine Erinnerungen und sein Bewußtsein sind eigenständig, aber auch „Zellen in dem Leib der Welt".

Der physische Körper ist durch Essen, Trinken, Ausscheidung, Atmen, Wahr-nehmen, Handeln, Zeugung, Gebären und Sterben eng mit der gesamten Substanz der Welt verbunden.

Der Lebenskraftkörper des Menschen ist durch sein Horoskop und durch seine drei Verbündeten eng mit dem Lebenskraftkörper der Welt verbunden.

Die Erinnerung des Menschen ist durch die Reinkarnation, durch die Familie (Familienaufstellungen) und durch viele andere Elemente der Welt (homöopathische Heilmittel) eng mit der „kollektiven Erinnerung" der Welt verbunden.

Das Bewußtsein des Menschen ist durch den Kontakt zur eigenen Seele, durch Astralreisen und durch Meditationen eng mit dem „kollektiven Bewußtseins" der Welt verbunden.

XI 2. Die beiden Begleiter der Seele

Mit der Seele ist ein Erlebnis verbunden, das kaum bekannt ist, aber das immer wieder in Gesprächen mit Menschen über spirituelle Erlebnisse sowie in Träumen, Meditationen und Traumreisen auftaucht: die beiden Begleiter der Seele.

Sie treten in allen mir bekannten Fällen dann auf, wenn ein Mensch bei einem psychischen oder spirituellen Problem Hilfe braucht. Mir selber sind sie das erste mal zusammen mit meiner Seele begegnet, als ich in Meditationen versucht habe, die Ängste, die ich während meiner Geburt gehabt habe, aufzulösen. In dieser Zeit habe ich auch Nachts von diesen beiden Begleitern geträumt, die mir damals im Traum geholfen haben, meine Geburt noch einmal zu erleben. Dabei waren sie als Helfer bei mir, die mich auf freundschaftlich-behutsame Weise „in die Welt herausgezogen" haben.

In allen mir bekannten Fällen haben diese beiden Begleiter ein anderes Geschlecht als die Seele, wenn diese als Mann oder Frau erscheint. Bei mir erscheinen sie als die beiden „geliebten Schwestern" meiner Seele.

Es gibt in der Physik interessanterweise eine Analogie zu diesen beiden Seelenbegleitern.

Es gibt in der Welt drei Arten von Kräften, auf die sich alle anderen Kräfte zurückführen lassen:

die Gravitation: Sie ist „einpolar", d.h. jegliche Materie und Energie zieht sich gegenseitig zueinander hin.

Diese Kraft prägt die „kleinen Dinge" des Alltags und die ganz „großen Dinge" im Weltall. Diese Kraft erschafft Einheit bzw. Einheiten.

Sie hat die Qualität „Zusammenhalt".

Für den neutralen Zustand ist nur ein Teilchen notwendig.

die elektromagnetische Kraft: Sie ist zweipolar, d.h. sie erscheint als „+" und als „-".

Durch diese Polarität gibt es Anziehung und Abstoßung und eine große Bewegungsdynamik. Diese Kraft ist deutlich stärker als die Gravitation und wirkt in Atomen und in Molekülen sowie als Licht im Weltall.

Sie hat die Qualität „Dynamik".

Für den neutralen Zustand sind zwei Teilchen notwendig: ein „+"-Teilchen und ein „-"-Teilchen.

die Farbkraft: Sie ist dreipolar. Ihre Pole werden als „rot", „blau" und „gelb" bezeichnet.

Diese Kraft ist die stärkste der drei Grundkräfte. Sie hält die Atomkerne zusammen.

Sie hat die Qualität „Zentrierung".

Die Farbkraft hat ihren Namen dadurch erhalten, daß drei Teilchen notwendig sind, um den neutralen Zustand herzustellen, und man zur Bezeichnung ihrer drei Pole die Analogie zu den Farben verwendet hat, bei denen rotes, blaues und gelbes Licht (die drei Grundfarben) zusammen Weiß ergeben.

In einem früheren Kapitel dieses Buches sind die elf Dimensionen der Superstringtheorie beschrieben worden, die den Bereichen des Bewußtseins entsprechen. Diese elf Dimensionen sind in fünf Gruppen angeordnet. Diese fünf Bereiche haben die Qualität jeweils einer dieser drei Kräfte, die ihnen in symmetrischer Weise zugeordnet sind.

Der Wirkungsbereich der drei Grundkräfte		
Physik	*Bewußtsein*	*Kraft*
1 Zeitdimension, die alles umfaßt	1 Dimension, die alles umfaßt (Gott),	Gravitation (1-polar): Zusammenhalt
3 ausgedehnte Raumdimensionen	3 grenzenlose Dimensionen (Bereich der Gottheiten)	elektro-magnetische Kraft (2-polar): Dynamik
3 begrenzte Raumdimensionen	3 ausgedehnte Dimensionen (Bereich der Seelen)	Farbkraft (3-polar): Zentrierung
3 begrenzte Raumdimensionen	3 eingeschränkte Dimensionen (Bereich der Psyche)	elektro-magnetische Kraft (2-polar): Dynamik
1 zusammenfassende Dimension	1 feste Dimension (Körper)	Gravitation (1-polar): Zusammenhalt

Die drei Pole der Farbkraft findet sich in dem Bereich der Seelen wieder. Die Seele selber und ihre beiden Begleiter stellen diese drei Pole dar.

Ein Neutron besteht aus drei „Quark" genannten Teilchen. Die Frabkraft ist an diese „Quarks" gebunden. Eines der drei „Quarks" in dem Neutron hat zusätzlich auch noch eine elektromagnetische Ladung von „+2/3" und die beiden anderen „Quarks" jeweils die Ladung von „-1/3", sodaß das Teilchen insgesamt neutral ist. Diese unterschiedliche elektrische Ladung entspricht dem unterschiedlichen Geschlecht der Seele und ihrer beiden Begleiter. Insgesamt ist die Seele somit „geschlechtsneutral".

Für die Betrachtung der Reinkarnation ist in diesem Zusammenhang interessant, daß die Seele dieser Analogie zu der Farbkraft zufolge als Grundqualität das feste

Zusammenhalten verschiedener Einheiten hat – was der Seele als dem roten Faden entspricht, auf dem die Folge der Perlen ihrer Inkarnationen aufgereiht sind.

(Eine ausführliche und detaillierte Beschreibung der drei Grundkräfte und ihrer Analogien findet sich in meinem Buch „Blüten des Lebensbaumes" Band I-III.)

XI 3.   das Beziehungs-Mandala

Im Zusammenhang mit der Inkarnation einer Seele läßt sich ein Vorgang beobachten, der zeigt, wie die symmetrische Entfaltung der Psyche des Menschen vor sich geht und in welcher Weise durch diese symmetrische Entfaltung ein Mandala, also ein System von selbstähnlichen Elementen entsteht, die dann eine organische Funktionseinheit bilden.

Am Anfang war die Seele.
Dann hat die Seele einen Mann und eine Frau dazu angeregt, sich zu vereinen – falls man das in diesem Zusammenhang einmal so sagen darf …
Dadurch ergibt sich als körperlicher Ausgangspunkt die befruchtete Eizelle, die die Art des Körpers festlegt: ein Mensch.
Aus der Lebenskraft, die bei der Vereinigung der Eltern frei wird, entsteht ein Lebenskraftwirbel, den man um Frauen, die gerade schwanger geworden sind, oft in den ersten drei Wochen spüren kann. Daraus entsteht dann später der Lebenskraftkörper, dessen Organe die Chakren sind.
Was geschieht nun mit dieser Lebenskraft? Sie wird durch zwei Dinge geprägt: zum einen durch die befruchtete Eizelle, durch die sich die Lebenskraft zu dem Lebenskraftkörper eines Menschen entwickelt; und zum anderen durch die Seele selber, die sich dem Lebenskraftkörper einprägt und sich sozusagen in ihm spiegelt.
Die Lebenskraft ist wie die Elektrizität polar: „+" und „-", Yin und Yang, männlich und weiblich, Sulphur und Mercurius usw.
Das bedeutet, daß sich die Seele in der Lebenskraft zweifach spiegelt: ein männliches Spiegelbild der Seele und ein weibliches Spiegelbild der Seele. Bei einem Mann wird aus dem männlichen Bild die Identität und aus dem weiblichen Bild das Suchbild. Bei einer Frau ist es genau umgekehrt.
Wenn das Leben harmonisch verläuft, bleiben diese beiden Bilder in dieser Form erhalten und prägen ungehindert die Vorgänge in der Psyche – aber das ist nur selten der Fall …

Im Idealfall entwickelt der Säugling das Grundgefühl der Geborgenheit und des Urvertrauens, aus dem heraus dann das Kleinkind Abgrenzung und Stärke erleben kann, was wiederum die Grundlage für das Kind ist, sich selber erkennen zu können. Aus dem vertrauensvollen „Ja" der oralen Phase entsteht das klare „Nein!" der analen Phase, woraufhin sich dann das begeisterte „Ich!!!" der phallische Phase entwickeln kann.

In der Pubertät sucht man dann nach den Zusammenhängen mit der Welt und erforscht die eigene Stellung in ihr und stellt an andere Menschen die vorsichtige Frage: „Du?" Als Erwachsener gründet man dann eine eigene Familie: „Wir."

Wenn die eigenen Kinder aus dem Haus sind, richtet sich die Aufmerksamkeit auf die weitere Umgebung und man übernimmt neue Aufgaben: „Anderes …" Im hohen Alter erkennt man schließlich die großen Zusammenhänge: „Alles"

Somit läßt sich das Ideal-Leben eines Menschen in sieben Worten zusammenfassen (wie dies schon in einem früheren Kapitel ausführlicher beschrieben worden ist):

„Ja – Nein – Ich – Du – Wir – Anderes – Alles".

Innerhalb einer solchen heilen Entwicklung und Selbstentfaltung würden die beiden Spiegelbilder der Seele intakt bleiben, sodaß man kann in seinem Leben diese beiden Bilder ungehindert ausdrücken kann: das gleichgeschlechtliche Selbstbild und das gegengeschlechtliche Suchbild.

Dies ist ein sehr geschicktes Arrangement der Seele: Die wesentliche Qualität der Seele ist ihre Selbstliebe, die ihren inneren Zusammenhalt und ihr „glückliches Leuchten" bewirkt. Die Selbstliebe ist die Analogie zu der im vorigen Kapitel geschilderten Farbkraft, die z.B. die drei Quarks in einem Neutron zusammenhält.

Wenn die Seele nun sich selber in der Lebenskraft zweifach spiegelt, tragen auch diese beiden Spiegelbilder die Selbstliebe der Seele in sich – und zusätzlich schwingt diese Selbstliebe auch noch zwischen diesen beiden Bildern, die ja bis auf ihr Geschlecht identisch miteinander sind.

Wenn der betreffende Mensch sich nun mit dem einen dieser Bilder identifiziert und das andere auf einen passenden anderen Menschen projiziert, dann entsteht Liebe zu diesem anderen Menschen. Dadurch kann die Seele ihre Selbstliebe im Außen als die Liebe zu einem anderen Menschen erleben.

Auf diese Weise erlangt die Seele durch ihre Inkarnation eine Erfahrung, die sie anders nicht erlangen könnte. Möglicherweise ist das eine ihrer wichtigsten Motivationen, sich zu inkarnieren: das Erlebnis der eigenen Selbstliebe im Außen als Liebe zu einem anderen Menschen zu erleben.

Nun gibt es jedoch noch das Horoskop und das Karma als Elemente, die das Leben aus der Vergangenheit heraus prägen, und dazu noch all die Begegnungen und Ereignisse in dem aktuellen Leben – da ist es nicht zu erwarten, daß dieses schlichte

System des in Liebe miteinander verbundenen Selbstbildes und Suchbildes ungestört bleibt ...

Wenn es zu einer Krise kommt oder sogar ein Trauma entsteht, polarisieren sich die sieben „heilen Eigenschaften" des Menschen und somit auch die beiden inneren Bilder – in der Regel schon in den drei ersten Entwicklungsphasen:

- aus der Geborgenheit („Ja") werden Askese und Sucht,
- aus der Stärke („Nein!") werden Macht und Ohnmacht,
- aus der Selbstliebe („Ich!!!") werden der Star und der Fan,
- aus der Welterforschung („Du?") werden Weitung und Enge,
- aus der Lebensgestaltung („Wir.") werden Einsamkeit und Überforderung,
- aus der Neugier („Anderes ...") werden Isolation und Identitätsverlust,
- und aus der Bejahung („Alles") werden Festklammern und Resignation.

Diese Polarisierung findet sich in gleicher Weise bei dem Selbstbild und bei dem Suchbild, da sie ja zwei Aspekte der Psyche desselben Menschen sind. Daher entstehen aus den beiden heilen Bildern (Selbstbild und Suchbild) durch die Polarisierung in je zwei Extreme dann insgesamt vier (verzerrte) Innenbilder.

Wenn die Polarisierung z.B. bei einem Mann auf der Ebene der Geborgenheit stattfindet, ergeben sich die folgenden vier Bilder:

		Mann	
		männliches Spiegelbild der Seele = > Selbstbild	*weibliches Spiegelbild der Seele => Suchbild*
Polarisierung	*progressiv*	der asketische Mann	die asketische Frau
	regressiv	der süchtige Mann	die süchtige Frau

Von diesen vier Bildern kann der betreffende Mann nur eins selber leben und selber ausdrücken. Die übrigen drei müssen von anderen Menschen übernommen werden, die dann innerhalb des Lebens dieser Person eine bestimmte Rolle spielen.

Wenn dieser Mann auf die Geborgenheits-Krise in seinem Leben z.B. regressiv reagiert, wird er zu einem „süchtigen Kind" werden, das (bildlich gesprochen) ständig nach seiner Mutter schreit.

Dieser Mann wird aufgrund seiner Identifikation mit diesem inneren, polarisierten Bild des „weinenden Kindes" in dem Gefühl des Mangels leben, keine Beziehungen beenden können, ruhelos sein, evtl. viel zu viel essen, Alkoholiker werden usw.

Die Struktur zwischen diesen vier Rollen, also die Verhältnisse zwischen ihnen, sind fast immer dieselben.

Für einen solchen süchtigen Mann ergeben sich die folgenden sechs grundlegenden Rollen (*kursiv*):

süchtiger Mann	= *Ich*	+ *Freunde*
asketischer Mann	= *Feind*	
süchtige Frau	= *Freundin*	
asketische Frau	= *Beziehung*	+ *Feindin*

Der süchtige Mann ist die Rolle, die der Mann in diesem Beispiel selber einnimmt. Er wird sich mit anderen süchtigen Männern zusammentun, die seine Freunde und „Leidensgenossen" sind und die ihn verstehen.

Der asketische Mann ist für den Mann in diesem Beispiel ein Problem, da er die entgegengesetzte Bewältigungsstrategie für dasselbe Problem benutzt. Auch der Asket ist „ein aus dem Nest gefallenes Küken", nur verbirgt er mit aller Kraft jegliche eigenen Bedürfnisse vor sich selber und vor den anderen – und versucht auch allen anderen diese Bedürfnisse zu verbieten. Zunächst einmal können sich der Süchtige und der Asket sogar füreinander interessieren, aber sobald sie ihren gemeinsamen Geborgenheits-Mangel berühren, explodiert ihr Trauma und sie trennen sich oder werden Feinde.

Eine süchtige Frau kann die beste Freundin eines süchtigen Mannes werden – aber ein erotisches Prickeln wird sich in der Regel nicht einstellen, da sich die beiden zu ähnlich sind und beide weinend in demselben traurig-allergischen Verlassenheits-Sumpf stecken …

Mit der asketischen Frau hingegen sieht es ganz anders aus. Sie kann den süchtigen Mann bemuttern und er kann sich von ihr bemuttern lassen – alles bestens. Zumindestens vorläufig. Denn sobald sie ihr gemeinsames Trauma des Mangels berühren, will der süchtige Mann von der Frau immer mehr, weil diese ja jetzt immer weniger gibt – und die Frau gibt immer weniger, weil der Mann ja jetzt immer mehr will. Auf diese Weise wird von den beiden das in ihnen verborgen liegende und alles prägende Mangel-Thema perfekt inszeniert und wieder in die Gegenwart geholt. Und wenn die beiden nicht aufpassen, können sie zu erbitterten Feinden werden.

Diese Situation kann offensichtlich nur sehr unangenehm sein … schließlich inszeniert man hier zu sechst oder mit noch mehr Personen (bei Doppelbesetzungen einiger Rollen) den Mangel, den der Mann in diesem Beispiel erlebt hat und der ihn hat süchtig werden lassen. Dieser Mangel ist der Auslöser für die Polarisierung der beiden heilen inneren Bilder in die vier zu Extremen verzerrten Bilder gewesen.

Dieses „Drama zu sechst" ist eine sehr intensive Erfahrung …

Diese Form der Polarisierung könnte die effektivste Methode der Seele sein, um ein Trauma, das sie aus einem vorigen Leben mitgebracht hat, neu zu inszenieren.

Im Horoskop erscheinen solche Traumas vor allem bei Quadraten und seltener auch bei Opposition und bei Quincunxen.

Diese drei Aspekte beinhalten jedoch auch jeweils einen großen Schatz, den man in ihnen finden kann:

> Die Trennung des Quadrates kann zu einer großen Freiheit werden;
> die Polarität der Opposition kann zu einem bereichernden Wandel werden,
> die Mühe des Quincunxes kann zu einer Liebe zur Welt werden.

Bei der Frage, was die Seele in dieses Leben mitgebracht hat, kann man aus astrologischer Sicht vor allem bei diesen drei Aspekten fündig werden – sie enthalten die größten Konflikte und das größte Entwicklungspotential.

(Eine detaillierte Beschreibung dieses Mandalas und auch der Heilungsmöglichkeiten für diese schmerzvollen Polarisierungen findet sich in meinem Buch „Das Beziehungs-Mandala".)

XI 4. Ergebnisse

Die Analogie-Ordnung führt u.a. auch zu der „Verwandtschaft" eines jeden Menschen zu einem Tier, zu einer Pflanze und zu einem Mineral, die dann das Krafttier, die Kraftpflanze und der Kraftstein dieses Menschen sind. Diese drei „Verbündeten" können in jedem Leben andere Wesen sein.

Die Seele hat zwei Begleiter, die dem Menschen, in dem sich diese Seele inkarniert hat, in Krisenzeiten helfen.

Das Prinzip der symmetrischen Entfaltung, die durch das Zusammenwirken der Kausalität und Analogie-Ordnung entsteht, läßt sich auch an der Grundstruktur der Psyche beobachten („Beziehungs-Mandala"). Die verzerrende Polarisierung der Bilder in diesem Mandala sind vermutlich die wichtigste Möglichkeit der Seele, ihr Karma neu zu inszenieren.

XII Dynamiken beim Tod und bei der Wiedergeburt

Es gibt eine große Anzahl an Berichten über Erinnerungen an die Vorgänge nach dem Tod und ebenso über die Vorgänge vor der Zeugung. Diese beiden Arten von Berichten beschreiben denselben Weg zwischen der „in einem Menschen inkarnierten Seele" und der „körperfreien Seele".

Zusätzlich dazu gibt es noch Berichte über Traumreisen zu der eigenen Seele, die denselben Weg beschreiben.

Es liegt daher nahe, diese „Jenseitsweg"-Beschreibungen miteinander zu vergleichen.

XII 1. Der Jenseitsweg

Die Stationen des Jenseitsweges stimmen in den Beschreibungen aus den verschiedenen Kulturen miteinander überein – unabhängig davon, ob es sich um einen Nachtod-Erinnerung, um eine Vorzeugungs-Erinnerung oder um eine Traumreise zur eigenen Seele handelt. Diese Übereinstimmung ist ein starkes Argument dafür, daß diese Beschreibungen recht realitätsnah sind.

Die beschriebenen Elemente der Jenseitsreise sind in der folgenden Liste aufgeführt:

Elemente des Jenseitsweges			
die drei Stufen des Weges			Erlebnisse
Weg	Bereich	Begegnung	
		3. Begegnung	Gruppe von gleichartigen, leuchtenden Wesen (frühere Inkarnationen) von denen man voll Freude begrüßt wird
	3. Bereich		oft ein runder Ort oder ein großes Gebäude; in ihm befindet sich ein Versammlungsplatz
3. Weg			Tunnel
		2. Begegnung	Erinnerungen an Taten aus dem letzten Leben
	2. Bereich		Bereich der Betrachtung und Verwandlung (er scheint eng mit dem Karma verbunden zu sein, das hier betrachtet, verdaut und zu neuen Entschlüssen verarbeitet wird)
2. Weg			zu einem Ort gezogen werden, zu einem Ort hinstreben – entweder zu dem 2. Bereich (beim Tod oder bei einer Traumreise) oder zu dem 1. Bereich (bei der Geburt)
		1. Begegnung	die eigene Seele (sie wird oft als Schutzgeist, Engel, Geistführer o.ä. wahrgenommen), verstorbene Freunde und Verwandte
	1. Bereich		Jenseitsfluß, Wartebereich (manchmal wie ein Amphitheater oder ein Stadion)
1. Weg			Tod, Schweben über dem Körper; während der Zeugung wie durch einen Wirbel in die befruchtete Eizelle gezogen werden

Auch in verschiedenen traditionellen Beschreibungen des Jenseitsweges wie dem tibetischen Totenbuch oder der Kabbala findet sich im Groben derselbe Weg beschrieben. In anderen traditionellen Schriften wie z.B. in dem ägyptischen Totenbuch lassen sich nur einzelne Aspektes dieses Weges wiederfinden.

Im folgenden sind einige dieser traditionellen religiösen Motive aufgeführt:

1. Teil des Weges

1. Weg: Das Schweben der Seele über dem toten Körper wird in sehr vielen Religionen beschrieben, weshalb die Seele auch fast immer als Vogel oder Mensch-Vogel-Mischwesen dargestellt wird.

1. Bereich: Der Jenseitsfluß, die Jenseitsmauer, die Jenseitsbrücke usw. sind Motive, die den Übergang vom Diesseits zum Jenseits beschreiben. Auf der Diesseits-Seite dieser Grenze hat man vor allem das Diesseits, d.h. seinen toten Leib und evtl. die Trauernden bzw. seine zukünftigen Eltern und die befruchtete Eizelle im Blick. Auf der Jenseits-Seite hat man hingegen die eigene Seele im Blick.

Der Wartebereich wird nur selten dargestellt – das Warten inspiriert nur wenig zur Entwicklung von mythologischen Bildern … Manchmal wird das Jenseits die „Halle des Wartens" genannt.

1. Begegnung: An die Stelle der Begegnung mit der eigenen Seele ist in fast allen Beschreibungen der Jenseitsführer getreten: bei den Griechen Hermes, bei den Römern Merkur, bei den Germanen die Walküre, bei den Ägyptern Anubis, bei den Christen Christophorus oder der Todesengel usw.

2. Teil des Weges

2. Weg: Dieser Weg wird kaum von dem ersten Weg unterschieden. Im ägyptischen Totenbuch wird der Tote nach der Überquerung des Nils, der die Symbolik des Jenseitsflusses hat, von Anubis oder manchmal auch von Horus durch eine Landschaft zum Jenseitsgericht geführt.

2. Bereich: Dieser Bereich ist in vielen Religionen zu einem Jenseitsgericht umgedeutet worden, in dem der Totengott über das Leben des Verstorbenen Gericht hält.

2. Begegnung: Die wichtigste Begegnung in diesem Bereich ist die Konfrontation mit dem, was man in seinem vergangenen Leben getan hat.

3. Teil des Weges

3. Weg: Der Tunnel ist oft nur ein Tor: das Tor zur Halle des Osiris, das Himmelstor, der Eingang zu Walhall u.ä.

3. Bereich: In diesem Bereich kommt der Tote in einer Gemeinschaft an, in der es ihm gutgeht. Dieser Bereich ist in fast allen Religion zu einer Art von Paradies geworden.

3. Begegnung: Die Begegnung mit den eigenen früheren Inkarnationen ist in kaum einer Religion zu finden. An ihrer Stelle steht in der Regel die Gemeinschaft der

Toten im Jenseits.

In manchen Religionen wie z.B. im tibetischen Buddhismus sind die Meditationen auf den Erlebnissen bei der Jenseitsreise aufgebaut worden. Das liegt daran, daß der Ursprung der Meditationen die Jenseitsreisen (Astralreisen) der Schamanen gewesen sind.

XII 2. Lust und Freude

Es gibt zwei Gefühle, die mit dem Jenseitsweg verbunden sind: die Geburt mit der Lust der Zeugung und der Erschaffung – die Rückkehr in das „Seelenreich" mit der Freude, die entsteht, wenn ein Teil wieder in einen größeren Zusammenhang ein-gefügt wird.

Über die Freude, wieder bewußt bei seiner Seele und bei seinen verstorbenen Freunden zu sein, ist oft berichtet worden. Im Vergleich dazu wird über die Lust der Schöpfung nur sehr selten berichtet – allerdings gibt es auch wesentlich mehr Berichte über die Vorgänge beim Tod und nach dem Tod als über die Vorgänge vor und bei der Zeugung.

So wie das Schlafen klärt und erfrischt, so scheint auch die Zeit zwischen zwei Leben zu klären oder zumindestens zu erfrischen, da die Neugeborenen zunächst offen und neugierig auf die Welt sind.

Generell hat Lust eine befriedigende Wirkung und Freude eine belebende Wirkung. Beides zusammen könnte die erfrischende Wirkung des Schlafes bzw. des Todes bewirken: Man kehrt zurück in den größeren Zusammenhang, zu seiner Seele und „stimmt dadurch sein Instrument neu", was Freude und das Erlebnis von Richtigkeit entstehen läßt, was dann dazu führt, daß man wieder Lust bekommt, ein neues Lied auf seinem nun wieder gut gestimmten Instrument zu spielen.

XII 3. Das EEG

Das Prinzip des erfrischenden „Stimmens des Instrumentes" läßt sich auch anhand der verschiedenen Bewußtseinsarten zeigen. Diese vier Arten des Bewußtseins sind das Wachen, das Träumen, der Tiefschlaf und die Ekstase.

Diese vier Arten des Bewußtseins wechseln miteinander ab, wodurch ein Rhythmus entsteht. Der typische große Bogen in diesem Rhythmus ist der Wechsel von Wachen und Schlafen. Innerhalb des Schlafes wechseln während einer Nacht ca. je drei Traum- und Tiefschlafphasen miteinander ab. Und während des Wachzustandes wechselt das Wachbewußtsein ab und zu vor allem während eines Orgasmus für eine eher recht kurze Zeit in den Ekstasezustand hinüber.

Es gibt eine innere Ordnung dieser vier Bewußtseinszustände: Aus dem Tiefschlaf taucht regelmäßig zunächst der Traumzustand auf; aus dem Traumzustand geht man in das Wachbewußtsein über; und aus dem Wachbewußtsein schließlich in den Ekstasezustand – und von dort wieder hinab in den Wachzustand, dann weiter in den Traumzustand und von dort schließlich in den Tiefschlaf. Sprünge wie z.B. von der Ekstase gleich in den Traumzustand oder direkte Übergänge vom Wachen in den Tiefschlaf sind eher selten.

Auch jede Bewußtseinsart selber hat ihren eigenen Rhythmus, den man direkt mithilfe eines EEGs messen kann, da jede Bewußtseinsart ihre eigene typische Hirnstrom-Frequenz hat:

EEG-Frequenzen des Bewußtseins	
EEG-Frequenz	*Bewußtseins*
2 – 4 Hz	Tiefschlaf
4 – 8 Hz	Traumzustand
8 – 16 Hz	Wachbewußtsein
16 – 32 Hz	Ekstase

Diese Bewußtseinsarten entstehen nach und nach während der Schwangerschaft in dem Embryo. Zuerst gibt es nur das Tiefschlafbewußtsein, ab dem 3. Monat dazu das Traumbewußtsein, ab dem 9 Monat auch das Wachbewußtsein und ab kurz vor der Geburt schließlich auch den Ekstasezustand. Der Tiefschlafzustand ist also die Wurzel, aus dem heraus zunächst der Traumzustand entsteht, der sich dann zu dem Wachbewußtsein konzentriert, der sich dann schließlich zu dem Ekstasezustand hin steigern kann.

Bei diesen Frequenzen ist es auffällig, daß jeder neu entstehende Zustand die höhere Oktave des vorigen Zustandes ist, d.h. daß er seine Frequenz verdoppelt – so hat z.B. der Wachzustand mit 8-16Hz eine genau doppelt so hohe Frequenz wie der Traumzustand mit 4-8Hz. Aus dem langsamen Schwingen des Tiefschlafes werden schrittweise die immer schnelleren Schwingungen des Träumens, Wachens und der Ekstase.

Diese Entwicklung beginnt mit dem Tiefschlafbewußtsein. Dieses Bewußtsein scheint der Seele zu entsprechen, denn die Tiefschlaf-Frequenz läßt sich auch bei Menschen feststellen, die in tiefer Meditation, d.h. mit anderen Worten, in Einklang mit ihrer Seele sind. Der Meditierende erlebt dabei ein großes Erfülltsein, eine Richtigkeit und eine Freude – sie rufen das „Lächeln des Buddha" hervor.

Die Seele schwingt anscheinend mit einer Frequenz von 2-4 Hz ...

Das Bewußtsein hat seine eigenen „Organe" – nicht nur das Gehirn, sondern auch Strukturen des Lebenskraftkörpers: die Chakren. Wie vor allem durch die Erfahrungen der Yogis bekannt ist, gehört jedes Chakra zu einem bestimmten Bewußtseinszustand.

Das Zentrum ist das Herzchakra, das dem Tiefschlaf entspricht. Es befindet sich in der Mitte der Brust. Dieses Chakra ist das erste, was den EEG-Messungen zufolge im Embryo aktiv ist, und es ist das Zentrum der Persönlichkeit. Dazu paßt, daß das Herzchakra in fast allen spirituellen Traditionen als der Sitz der eigenen Seele angesehen wird. Das Herzchakra ist die Quelle der Selbstliebe.

Die erste Ausdehnung bzw. die erste höhere Oktave des Tiefschlafes ist der Traumzustand, dessen Lebenskraft-Organe daher die beiden Chakren oberhalb und unterhalb des Herzchakras sind.

Die drei Chakren oberhalb des Herzchakras sind nach außen hin orientiert, während die drei Chakren unterhalb des Herzchakras auf den Körper bezogen sind.

Das Halschakra oberhalb des Herzchakras und das Sonnengeflecht unterhalb des Herzchakras (kurz unter dem Rippenansatz) sind die beiden Chakren, die dem Traumzustand und somit den Gefühlen entsprechen. Das Sonnengeflecht ist im Idealfall der ungehinderte körperliche Selbstausdruck und das Halschakra der ungehinderte soziale Selbstausdruck. So wie sich in den Träumen und in den Bildern des Unterbewußtseins ganz allgemein die eigenen bewußten oder unbewußten Impulse und Antriebe befinden, so finden sich auch in diesen beiden Chakren die eigenen konkreten Antriebe wieder.

Die nächsthöhere Oktave zu den beiden Chakren der inneren Bilder und Motivationen des Traumbewußtseins (also Halschakra und Sonnengeflecht) sind die beiden Chakren des Wachbewußtseins: das Dritte Auge zwischen den Augenbrauen und das Hara vier Finger breit unterhalb des Nabels.

Auf die Impulse, die von dem Halschakra und dem Sonnengeflecht ausgehen, folgt nun das Auftreffen dieser Impulse auf die konkrete Welt, wodurch nun sozusagen am Rand der Persönlichkeit konkrete Formen entstehen, die den Gegensatz und das Zusammenspiel zwischen den eigenen Impulsen und den Gegebenheiten der Umwelt darstellen.

Dadurch entsteht im Dritten Auge nach außen hin gerichtet die Orientierung und im Hara nach innen hin gerichtet der eigene Standpunkt – die zusammen die beiden Aspekte des Wachbewußtseins sind: von einem klaren inneren Standpunkt aus in die Welt hinausblicken.

Als letztes entsteht schließlich der Ekstasezustand in den beiden äußeren Chakren, die die höhere Oktave des Wachzustandes sind. Der körperliche Pol dieses Bewußtseins befindet sich in dem Wurzelchakra zwischen Genitalien und After. Der nach außen gerichtete Pol dieses Bewußtseins befindet sich im Scheitelchakra oben auf der Mitte des Kopfes.

Das Ekstase-Bewußtsein im Scheitelchakra ist vor allem durch die Darstellungen des Heiligenscheines bekannt, der die Verbindung der betreffenden Person zu Gott oder allgemein zu dem Ganzen symbolisiert. Das erwachte Scheitelchakra wird hellsichtig als ein Leuchten wahrgenommen, das in etwa wie ein Heiligenschein aussieht.

Das Ekstase-Bewußtsein im Wurzelchakra ist vor allem der Orgasmus.

Diese sieben Chakren bilden bei vielen Meditationen den Rahmen oder die Landkarte, auf der man sich bewegt. Die Qualitäten der Chakren sind symmetrisch und als logische Folge um das Herzchakra herum nach beiden Seiten hin aufgebaut.

Die Chakren				
Chakra	*Bewußtsein*	*Frequenz*	*Qualität*	*Richtung*
Scheitelchakra	Ekstase	16 – 32 Hz	Erleuchtung	↑
Drittes Auge	Wachbewußtsein	8 – 16 Hz	wache Orientierung	↑
Halschakra	Traumbewußtsein	4 – 8 Hz	soziale Impulse	↑
Herzchakra	Tiefschlaf	2 – 4 Hz	Seele (Zentrum)	o
Sonnengeflecht	Traumbewußtsein	4 – 8 Hz	körperliche Impulse	↓
Hara	Wachbewußtsein	8 – 16 Hz	wacher Standpunkt	↓
Wurzelchakra	Ekstase	16 – 32 Hz	Orgasmus	↓

Das Wesen der Meditation besteht darin, das Wachbewußtsein allmählich durch die Vereinigung des Wachbewußtseins mit einem der anderen Bewußtseinszustände auszudehnen. Dazu ist sehr oft das Wiederintegrieren heftiger Erinnerungen (Trauma)

125

notwendig.

Diese Vereinigung des Wachbewußtseins mit den anderen drei Bewußtseinszuständen ist das Ziel der Meditation. Dieses Ziel kann aber nur erreicht werden, wenn zunächst die verdrängten Bewußtseinsinhalte in der eigenen Psyche wieder integriert werden – denn sonst kann sich das Bewußtsein nicht entspannen und mit einer langsameren Frequenz schwingen.

Diese Integration macht einen Großteil der Erlebnisse in der Meditation aus. Er wird je nach Tradition als Versuchung durch den Teufel, als psychische Krise, als Tod der Psyche, als Schwarze Nacht der Seele, als Rabenkopf usw. beschrieben. Trotz dieser fürchterlichen Namen, die durchaus ihre Berechtigung haben, da die Begegnung mit den verdrängten Bewußtseinsinhalten ein heftiges Erlebnis sein kann, ist die Meditation nicht eine Wanderung durch einen finsteren Dschungel voller Ungeheuer.

In der Meditation erlebt man sein eigenes allmählich Wieder-heil-werden, wozu eben auch gehört, daß man allem, was man in sich trägt, begegnet und es nach und nach in Freundlichkeit annimmt – wodurch es sich dann wieder von etwas Furchterregendem in etwas Lebendigkeitsförderndes verwandeln kann.

Bei dieser Bewußtseinserweiterung ist das Wachbewußtsein in aller Regel der Ausgangspunkt für diese Weitung, da dies eben ein bewußter Entschluß ist.

Man kann sich diesen Vorgang wie eine „musikalische" Koordination zwischen den beiden Bewußtseinszuständen, die man vereinen will, vorstellen. Da die verschiedenen Bewußtseinszustände Oktaven voneinander sind, kann man sie wie Takte ineinanderfügen. So passen z.B. 2 Takte des Wachbewußtseins in einen Takt des Traumzustandes, da zwei Schwingungen (EEG) des Wachbewußtseins genausolang sind wie eine Schwingung des Traumbewußtseins – weil die Schwingungen des Wachbewußtseins eben nur halb so lang sind wie die des Traumbewußtseins.

Auf diese Weise lassen sich alle vier Bewußtseinsarten miteinander koordinieren. Man muß dafür sozusagen in seinem eigenen Bewußtsein z.B. den Takt des Wachbewußtseins auf den Takt des Traumbewußtseins abstimmen – so wie zwei Trommler, von denen einer einen 3/4-Takt spielt und der andere einen genau doppelt so schnellen 6/8-Takt.

In der folgenden Übersicht sind die „Wellenlängen" der verschiedenen Bewußtseinsarten dargestellt – einmal unkoordiniert wie beim normalen Alltags-Bewußtsein und einmal vollkommen koordiniert wie in tiefer Meditation.

Wenn die Wellenlängen des Bewußtseins unkoordiniert sind, ist sich das Wachbewußtseins der inneren Bilder des Traumbewußtseins und der eigenen Seele nicht bewußt und es befindet sich auch nicht in Ekstase – das Wachbewußtsein ist von den anderen drei Bewußtseinsformen abgegrenzt. Die Meditation koordiniert diese vier Formen des Bewußtseins miteinander und erweitert somit das Wachbewußtsein.

Eine doppelt so hohe Frequenz entspricht einer halb so langen Wellenlänge – ein doppelt so hoher Ton hat eine doppelt so hohe Frequenz und eine halb so lange

Wellenlänge.

Die Bewußtseinsrhythmen		
unkoordinierte Wellen/Rhythmus (Normalbewußtsein)		
Tiefschlaf		
Traumbewußtseins		
Wachbewußtsein		
Ekstase		
koordinierte Wellen/Rhythmus (Meditation)		
Tiefschlaf		
Traumbewußtseins		
Wachbewußtsein		
Ekstase		

Dieser Vorgang der Koordination der verschiedenen Bewußtseinsarten ermöglicht z.B. Traumreisen, die Heilung von Traumas oder das Sehen der Zukunft (Wachbewußtsein und Traumbewußtsein), die Begegnung mit der eigenen Seele (Wachbewußtsein und Tiefschlaf) oder das Erwecken der Kundalini (Wachbewußtsein und Ekstase).

Die Hypnose oder die Rückführung ist in der Regel wie ein Traum ohne die Beteiligung des Wachbewußtseins oder mit nur einer geringen Beteiligung des Wachbewußtseins – d.h. der Hypnotisierte hat keine oder kaum eine Erinnerung an das, was während seiner Hypnose geschehen ist.

Die verschiedenen Formen der Meditation ermöglichen eigene bewußte Erlebnisse (Wachbewußtsein) mit den drei Bewußtseins-Bereichen, die normalerweise nur begrenzt bewußt zugänglich sind (Tiefschlaf, Traum, Ekstase).

Um diese drei Bereiche geht es auch bei der Heilung der Psyche, bei der Erinnerung an frühere Leben, bei dem Kontakt mit der eigenen Seele, bei dem Kontakt mit den drei Verbündeten und bei der Erforschung der Reinkarnation.

(Eine ausführliche Darstellung findet sich in meinem Buch „Meditation".)

XII 4.   Ergebnisse

Der Weg ins Jenseits hat drei Stufen:

    1. Man verläßt mit seiner Seele (Astralkörper) den eigenen materiellen Körper und schwebt dann über ihm. Daran schließt sich das Überqueren der Jenseitsgrenze an, an der man von der eigenen Seele begrüßt wird, die oft als Schutzgeist, Engel oder Geistführer erscheint, wenn man sie noch nicht als die eigene Mitte erkannt hat.

    2. Man erreicht einen „stillen Ort", an dem man das vergangene Leben betrachtet und mit den wichtigsten Gefühlen aus diesem Leben konfrontiert wird.

    3. Man erreicht (oft durch einen Tunnel) einen meistens runden Ort (Amphitheater, Steinkreis o.ä.), an dem man seine früheren Inkarnationen trifft.

Der Weg aus dem Jenseits zu einer neuen Zeugung und Geburt verläuft umgekehrt, aber er enthält dieselben Stationen:

    1. der Entschluß zu einer neuen Inkarnation an dem „runden Ort";

    2. die Vorbereitung der neuen Inkarnation an dem „stillen Ort",

    3. das Warten auf die Zeugung und die Überquerung der Jenseitsgrenze.

Mit den Vorgängen nach dem Tod ist Freude verbunden – mit den Vorgängen vor der Zeugung ist Lust verbunden.

Die Koordination von Wachbewußtsein, Traumbewußtsein und Tiefschlafbewußtsein sowie manchmal auch der Ekstase in der Meditation ermöglichen die Wahrnehmung der Seele und der Bereiche, in der die Prozesse der Reinkarnation vonstatten gehen.

XIII übergeordnete Strukturen, in denen die Reinkarnation stattfindet

Die Reinkarnation ist kein Vorgang, bei dem die Seele von allem anderen isoliert ist. Dies wird schon dadurch deutlich, daß es sich bei den Betrachtungen in diesem Buch gezeigt hat, daß der Reinkarnation ein kollektives Bewußtsein zugrundeliegt.

Es ist daher interessant, auch die Berührungspunkte der Reinkarnation mit anderen Themen und Bereichen zu betrachten.

XIII 1.   Das „Große Buch des Lebens"

Aus der Astrologie und aus der Möglichkeit, Ereignisse vorherzusehen, ergibt sich, daß das Leben bereits wie in einem von der Seele vor ihrer Inkarnation verfaßten „Buch des Lebens" festgelegt ist.

Da alle Menschen und sehr wahrscheinlich auch alle Tiere, Pflanzen usw. ein solches „Buch des Lebens" haben, müssen alle diese „Bücher des Lebens" Teile eines einzigen „Großen Buchs des Lebens" sein, in dem alle diese Einzel-Schicksalsfäden zu einem großen Gesamtbild zusammengefaßt und koordiniert worden sind.

Sowohl die Leben selber als auch das Karma, das sie miteinander verbindet, sowie die Entschlüsse zu einem neuen Leben sind also keine „Privatangelegenheit", sondern ein kollektiver Prozeß.

Man muß die Reinkarnation folglich global denken.

XIII 2.   Die Erschaffung einer Seele

Es stellt sich natürlich auch die Frage, woher die Seelen eigentlich kommen.

Die Grundstruktur, die sich aus den Betrachtungen in diesem Buch ergeben hat, ist die sich zu der Vielheit unserer Welt ausdifferenzierende Einheit.

In Bezug auf die Seele, also auf das Bewußtsein, bedeutet dies, daß die Seele durch die Ausdifferenzierung der nächsthöheren Bewußtseinseinheit entstanden sein sollte. Da die grundlegende Folge der Bewußtseinseinheiten „Gott – Gottheiten – Seelen – Psyche – Wachbewußtsein" lautet, sollte eine Seele ein „Tropfen" aus dem „Meer" einer Gottheit sein. Diesen Zusammenhang kann man auch in der Meditation als die eigene „Schutzgottheit" wiederfinden, der die eigenen Seele von ihrem Wesen her gleicht.

Man wird aus diesem Zusammenhang schließen können, daß sich die Seele dann irgendwann auch wieder in diese Gottheit hineinintegrieren wird. Das wäre dann das Ende der Seele als eigenständige Einheit – aber nicht das Ende all dessen, was die Seele ausmacht und was sie erlebt hat, da dies dann zu einem Teil der Gottheit wird.

Diese Gottheiten entstehen wiederum durch die Ausdifferenzierung von Gott, also des einen alles umfassenden „kollektiven Bewußtseins".

Diese Dynamik wird in ähnlicher Weise u.a. auch in den „Gespräche mit Gott"-Büchern von Neale Walsch beschrieben. Sie ist jedoch schon lange auch den Kabbalisten, den Sufis und anderen Mystikern gut bekannt.

Der Vorgang der Erschaffung einer Seele entspricht dem Aufwachen und der Inkarnation – der Vorgang der Auflösung einer Seele entspricht dem Einschlafen und dem Sterben.

XIII 3. Ergebnisse

Die Reinkarnation ist ein kollektiver Prozeß, bei dem die einzelne Seele mit der gesamten Welt in vollständig koordinierter Weise verbunden ist.

Die Seele entsteht durch Ausdifferenzierung aus einer Gottheit heraus – sie ist ein „Tropfen" aus dem „Meer" einer Gottheit.

130

XIV   Die Dynamik der Reinkarnation

Es lassen sich einige Dynamiken beobachten, die mit der Reinkarnation in Zusammenhang stehen bzw. im Laufe der Entwicklung der Religionen mit ihr in Zusammenhang gebracht worden sind.

XIV 1.   Das Jenseitsgericht

Das prägende Prinzip in der magisch-mythologischen Weltanschauung der Jungsteinzeit ist die Richtigkeit gewesen: Wenn ein Wesen oder ein Ding auf die richtige Weise zur richtigen Zeit am richtigen Ort das Richtige tut, dann wird es gedeihen. Ein Rad muß rund sein, die Saat muß im Frühjahr ausgebracht werden und ein Mensch muß für das Wohl seiner Gemeinschaft sorgen. Auch der Zyklus von Geburt, Leben, Tod und Jenseits gehört zu dieser Richtigkeit.

Als das Königtum entstand, wurden alle diese zyklischen Mythen zu einmaligen Ereignissen. An die Stelle der Analogie trat die formelle Ordnung und an die Stelle der Richtigkeit die Gerechtigkeit – und all dies wurde vom König gelenkt, der wiederum der Stellvertreter des Einen Gottes auf Erden war.

Durch das Königtum ist in der Religion als Analogie zu dem König der Götterkönig entstanden, der schließlich zu dem einen und einzigen Gott geworden ist.

Vorher in der Jungsteinzeit sind die Menschen der Richtigkeit der Zyklen des Lebens gefolgt – im Königtum/Monotheismus vertrauten sie auf die Gerechtigkeit des Königs und des einen Gottes. Diese neue Einstellung brachte jedoch einen Widerspruch hervor.

Wenn Gott allmächtig und gerecht ist, sollte es in der Welt überall gerecht zugehen – was jedoch der Alltagserfahrung des öfteren widerspricht. Gott konnte somit entweder nicht allmächtig oder nicht gerecht sein – was beides nicht besonders akzeptabel war. Daher kam man schließlich auf die Idee, daß das Unrecht im Diesseits im Jenseits ausgeglichen werden würde.

In den magisch-mythologischen Religionen der jungsteinzeitlichen Stammesverbände gibt es ein Jenseits, in das jeder gelangen wird – in den späten Versionen waren allerdings manchmal bestimmte Charaktereigenschaften notwendig wie z.B der kämpferische Mut, der den Zugang zu dem Walhall der Germanen eröffnete.

Im Königtum/Monotheismus trat zwischen die Ankunft im Jenseits und der Aufnahme in die Gemeinschaft das Jenseitsgericht, in der die Taten des Toten geprüft wurden und über sie gerichtet wurde – sie wurden von dem Richter entweder für „gut" oder für „böse" befunden. Zu diesem Zeitpunkt entstanden daher zwei verschiedene Formen des Jenseits: Das „Paradies" für die Guten und die „Hölle" für die

Bösen. Auf diese Weise konnte die Ansicht, daß Gott sowohl allmächtig als auch gerecht ist, gerettet werden.

Dieses Jenseitsgericht ist offenbar eine Umdeutung der 2. Phase nach dem Tod, in der man betrachtet, was man im seinem letzten Leben getan hat: der „2. Ort" der drei Orte, in die der Weg in das Jenseits allgemein unterteilt wird.

Das jetzt gerade beschriebene Jenseitsgericht-Konzept trifft für eine Weltanschauung zu, in der es für jeden Menschen immer nur ein einziges Leben und danach ein endloses Verweilen im Jenseits gibt – im Paradies, in den „ewigen Jagdgründen" oder auf dem „ewigen Fest in Walhall".

In einer von der Reinkarnation geprägten Religion konnte das Problem der Gerechtigkeit ebenfalls auftreten, wenn sich in der betreffenden Kultur ein Königtum und mit ihm zumindestens eine Annäherung an den Monotheismus und die Philosophie entwickelte.

Die naheliegende Lösung für das Gerechtigkeit/Allmacht-Dilemma besteht in einer „Reinkarnations-Religion" darin, daß man davon ausgeht, daß man in jedem Leben das erntet, was man im vorigen Leben gesät hat: das Karma-Prinzip.

In der einfachsten Form bedeutet Karma, daß man zukünftig genau das erleben wird, was man zuvor den anderen angetan hat: „Auge um Auge, Zahn um Zahn".

In den differenzierteren Formen wird manchmal von einer im Vergleich zur begangenen Tat deutlich größeren Strafe ausgegangen – was an einen allmächtigen Gott erinnert, der jeglichen Widerspruch und Widerstand gegen seinen Willen aufs heftigste bestraft. Dieses Karma-Konzept ist offensichtlich von despotischen Königen inspiriert worden.

Eine andere Weiterentwicklung des Karma-Konzeptes ist die Ansicht, daß die Einsicht in die eigenen vergangenen Handlungen das Karma dieser Handlungen auflöst. Bei diesem Konzept ist offenbar die Erkenntnis das Maß der Dinge – eine eher gelehrte Einstellung.

Es ist offensichtlich notwendig, bei der Erforschung der Reinkarnation zwischen direkten Beobachtungen und religiösen Konzepten zu unterscheiden.

Die Auffassung, daß das Karma aus den ungeheilten Traumas eines Menschen besteht, ist eine zeitgenössische, psychologische Deutung. Aber letztlich hat man auch keine andere Möglichkeit, als seine eigenen Beobachtungen im Rahmen des eigenen Weltbildes zu deuten und dabei so aufrichtig und genau wie möglich zu sein …

XIV 2. Die Absicht der Seele

Man kann den Reinkarnationsvorgang vom Karma her, also von den sich aus der Vergangenheit zwangsweise ergebenden Eigenheiten der neu anstehenden Reinkarnation her betrachten – aber auch aus der Sicht der Seele und ihrer Absichten.

Diese Absicht der Seele für ihre nächste Inkarnation läßt sich durch das Horoskop, durch das Kennenlernen der drei Verbündeten, durch die Begegnung mit der eigenen Seele in der Meditation und schließlich noch durch das konkrete Vorhersehen der eigenen Zukunft erfassen.

Was könnte die Seele in ihren Lebensentwurf eingeplant haben?

Zunächst einmal werden in diesem Plan alle „unfertigen Dinge" aus den früheren Leben enthalten sein wie z.B ungeheilte Traumas.

Daneben könnten aber auch die Begegnungen mit bestimmten Menschen „eingeplant" sein, die Freunde werden oder die die Rolle des „permanenten Provokateurs" übernehmen, damit sie einen selber auf einen bestimmten ungeheilten Punkt hinzuweisen.

Daher kann es gut sein, daß man Menschen aus früheren Leben wiedertrifft – wobei man vorsichtig sein sollte, bevor man bei einer konkreten Begegnung zu einer solchen Schlußfolgerung kommt, um nicht in Vorstellungen über die Welt zu geraten, die nur noch wenig Realitätsbezug haben.

Schließlich könnte die Seele auch bestimmte Dinge, Konzepte und Themen in ihr nächstes Leben einplanen, die von Bedeutung sind.

Die wichtigeren dieser Menschen und Dinge kann man manchmal auf den ersten Blick erkennen – sie scheinen bei der ersten Begegnung wie in einem Spotlight zu stehen.

Als ich das erste mal die Graphik des kabbalistischen Lebensbaumes gesehen habe, habe ich voller Freude gedacht „Das ist es! Endlich!", obwohl ich keinerlei Ahnung hatte, was diese Graphik denn eigentlich bedeuten könnte, und ich noch Jahre gebraucht habe, um sie zu verstehen. Doch dann ist der Lebensbaum zu meiner inneren Landkarte und zu meinem wichtigsten Forschungshilfsmittel geworden.

Das Problem, daß sich oft nicht sagen läßt, ob man sich an einen Menschen oder eine Sache bei der ersten Begegnung mit ihr erinnert oder ob man lediglich vorherahnt, was man mit diesem Menschen oder dieser Sache erleben wird, läßt sich meistens nicht eindeutig lösen.

Dies ist allerdings in Bezug auf die Betrachtung der Reinkarnation kein allzugroßes Problem, denn entweder bedeutet solch ein Erlebnis, daß die eigene Erinnerung in ein früheres Leben zurückreicht oder daß man die Zukunft vorhersieht – in beiden Fällen weist das Erlebnis nach, daß die Zeit ein feststehendes Kontinuum ist ... die

„kollektive Erinnerung" erstreckt sich von der Vergangenheit über die Gegenwart in die Zukunft hinein. Und diese „kollektive Erinnerung" ist die Grundlage für die Reinkarnation.

Für den konkreten Menschen macht es natürlich einen Unterschied, ob man jemanden schon aus einem früheren Leben kennt oder nicht – wobei auch dieser Unterschied vor allem in der weltanschaulichen Einordnung dieser Begegnung besteht und nicht in dem, was man konkret mit dem betreffenden Menschen erlebt.

XIV 3. Ergebnisse

Es gibt einen kausalen Zusammenhang zwischen jedem Leben und dem ihm vorhergehenden Leben sowie dem ihm folgenden Leben. Es scheint jedoch angebracht zu sein, bei der Formulierung der Gesetzmäßigkeiten, nach denen sich dieser Zusammenhang entwickelt, möglichst vorsichtig zu sein, da eine große Gefahr besteht, nicht die Beobachtung selber, sondern die eigenen Ansichten dazu zu beschreiben.

Es gibt auf jeden Fall die Übertragung ungelöster Traumas, das Weiterbestehen von Freundschaften, die Verabredung mit wichtigen (geliebten und auch unangenehmen) Menschen sowie den Entschluß, bestimmte Konzepte zu erforschen und zu benutzen.

Vermutlich können auch bestimmte Taten zu dem gehören, was sich eine Seele für ihr anstehendes neues Leben vorgenommen hat.

XV   Das Verhältnis zwischen Seele und Psyche

Die Seele und die Psyche sind zwei recht verschiedene Dinge. Daher haben beide auch unterschiedliche Ziele. Es ist somit möglicherweise recht lohnend, sich das Verhältnis zwischen den beiden näher anzuschauen.

XV 1.   Seele und Psyche

Die Psyche ist (vereinfacht gesagt) der Teil des Menschen, der für die Verarbeitung der Sinneswahrnehmungen zuständig ist, damit der Körper möglichst effektiv auf die äußeren Situationen reagieren kann. Die Psyche will folglich mithilfe der Handlungen des Körpers Situationen herstellen, die für den Körper und die Psyche angenehm sind.
Die Psyche will glücklich sein.

Die Seele scheint ihr nächstes Leben vollständig zu planen. Das bedeutet, daß sie genau das auswählt, was sie erleben will. Wenn sie die Möglichkeit hat, ihr Leben so zu gestalten wie sie will, fällt das nachträgliche Streben nach dem Erreichen des gewollten Zustandes fort – das Leben ist bereits so, wie die Seele es haben will. Dadurch fällt für die Seele aber auch das für die Psyche typische Streben nach Glück fort – das ja voraussetzt, daß der Mensch nach etwas anderem strebt als nach dem, was gerade da ist.
Warum will die Seele sich inkarnieren, wenn sie alle Ereignisse des kommenden Lebens auswählen kann? Der einzige denkbare Grund kann nur die Erfahrung sein – vor ihrer Inkarnation hat die Seele nur eine Absicht und nach ihrem Leben hat sie eine Erfahrung.

Die Seele und die Psyche stehen daher in einem eindeutigen Verhältnis:

> Die Seele bestimmt das nächste Leben und die Psyche erlebt dann dieses Leben.
> Die Seele strebt nach Erfahrungen und die Psyche strebt nach Glück.
> Die Seele ist wie das planende Gehirn und die Psyche wie die ausführende Hand.
> Die Seele ist der Unternehmer und die Psyche ist der Geschäftsführer.

Offensichtlich hat die Psyche nur geringe Chancen, glücklich zu leben, wenn sie nicht im Einklang mit der Seele handelt. Daher ist es für die Psyche notwendig, sich selber, d.h. die eigene Seele zu erkennen.

Die Schlußfolgerung ist einfach und stand schon über dem Tor des Orakels von Delphi: „Erkenne Dich selbst!"

XV 2.   Ergebnisse

Die Seele ist der „Unternehmer" und die Psyche ist der „Geschäftsführer". Eine enge Zusammenarbeit zwischen beiden ist daher für beide ausgesprochen fruchtbar.

XVI   Determiniertheit und Freiheit

In den bisherigen Betrachtungen ist sehr viel zur Sprache gekommen, was auf eine vollständige Festlegung des gesamten Lebens hinweist: das „Große Buch des Lebens", in dem die ganze Vergangenheit, aber auch die ganze Zukunft steht.

Daher stellt sich die Frage, ob es eigentlich eine individuelle Freiheit gibt.

XVI 1.   Seele und Freiheit

Der wesentlichste Aspekt dieses Themas ist, daß man selber mit dem, was man ist und was man will, ein Teil des festgelegten Ganzen ist. Man ist also keineswegs außenbestimmt, sondern man ist mit seinem Wollen und mit seinem Handeln ein Teil des Ganzen, das insgesamt festgelegt ist.

Ich bin frei, wenn ich von innen her auf die Welt blicke.
Ich bin festgelegt, wenn ich von außen her auf mich blicke.

Im Zusammenhang mit der Frage nach der menschlichen Freiheit ist es von Bedeutung, daß es sich prinzipiell nicht unterscheiden läßt, ob man eine Sache vorhersieht oder ob man eine Sache durch Wünschen/Magie verursacht hat.

Es gibt die Möglichkeit, sich Dinge zu wünschen oder für das Erreichen von Zielen Magie anzuwenden – das funktioniert recht gut.

Es ist auch möglich, die Zukunft vorherzusehen.

Aber es läßt sich nicht sicher sagen, ob man etwas, was kommen wird, schon im voraus gesehen hat oder ob man den Wunsch nach etwas gespürt hat und das Gewünschte durch den Wunsch herbeigerufen hat.

Das einzige, was sich sagen läßt, ist, daß die Ereignisse sinnvoll geordnet sind und daß die Gegenwart (Wunsch/Vorhersehen) und die Zukunft (Ereignis/Wunscherfüllung) in einem festen, sinnvollen Bezug zueinander stehen.

Mein Wunsch als Teil der bereits festgelegten Zukunft zeigt, daß das, was ich bin, in diesem festgelegten Plan mit eingebaut ist: Meine Wünsche haben Folgen. Meine Wünsche stehen in einem sinnvollen Bezug zur Welt.

Man kann noch eine Überlegung anstellen: Wenn die Seele das vor ihr liegende Leben festgelegt hat, wäre es denkbar, daß ein Mensch, wenn sich seine Psyche vollständig in Einklang mit seiner Seele befindet und daher die „Macht" der Seele besitzt, diesen Lebensplan auch ändern kann.

Es ist allerdings fraglich, ob der betreffende Menschen dann, wenn er diese „Macht der Seele" erlangt hat, überhaupt noch die Motivation zu einer solchen Änderung hätte – schließlich befände sich dieser Mensch dann im Einklang mit seiner Seele, und seine Seele hat ja bereits sein Leben entworfen und verwirklicht daher gerade genau das, was ihr als das Beste erschienen ist ...

Wenn die Psyche durch Meditationen u.ä. in völlige Übereinstimmung mit ihrer Seele gelangt ist und dadurch wahrscheinlich die Macht hätte, das eigene Leben zu ändern, wird sie durch den Einklang mit ihrer Seele dem eigenen Leben vollkommen zustimmen – und daher nichts an dem von ihrer Seele geplanten Leben ändern.
In diesem Sinne ist die Psyche frei ...

XVI 2. Ergebnisse

Die Psyche ist aus ihrem subjektiven Erleben her frei – und sie muß diese Freiheit auch nutzen und verteidigen, um ein gutes Leben führen zu können.

Aus der Perspektive der Seele ist die Psyche nicht frei, da die Seele bereits das ganze Leben festgelegt hat. Die Seele ist aus ihrer eigenen Sicht her wiederum frei, da sie ja dieses Leben beschlossen hat.

Vermutlich hat die Gottheit, von der die Seele ein kleiner Teil ist, auch die Entscheidungen der Seele beschlossen, sodaß die Seele aus der Sicht der Gottheit nicht frei ist – während sich die Gottheit als frei erlebt.

Dasselbe kann man für das Verhältnis zwischen dem einen Gott und den vielen Gottheiten vermuten.

Jede Bewußtseinseinheit ist bezüglich der ihr übergeordneten Einheit, von der sie ein Teil ist, unfrei, d.h. vollständig durch sie festgelegt. Bezüglich der ihr gleichgestellten Einheiten ist sie frei und kann mit ihnen kooperieren. Bezüglich der ihr untergeordneten Einheiten ist sie bestimmend.

In der folgenden Übersicht wirkt die Prägung von oben (Gott) nach unten (Körper). Die Seele ist z.B. in ihrem Verhältnis zu anderen Seelen frei, sie wird von einer Gottheit geprägt und sie selber prägt wiederum die Psyche.

Freiheit und Bestimmung			
Bereich	**Verhältnis**		
	determiniert durch:	*frei gegenüber:*	*bestimmt selber:*
Gott	-	-	Gottheiten
Gottheiten	Gott	Gottheiten	Seelen
Seele	Gottheiten	Seelen	Psychen
Psyche	Seele	Psychen	Körper
Körper	Psyche	Körpern	-

Gott selber kann nur frei sein, denn da er alles ist, gibt es außer ihm nichts, was ihn in irgendeiner Weise bestimmen oder einschränken könnte. Man kann zumindestens vermuten, daß diese Freiheit Gottes auch einen Anklang in allen Untereinheiten Gottes von den Gottheiten über die Seelen und die Psyche bis hin zum Körper hervorruft.

Sicher läßt sich zu diesem Thema vor allem sagen, daß die Welt offenbar eine paradoxe Gleichzeitigkeit von Freiheit und Determiniertheit ist – wobei die Frage, ob jemand oder etwas frei oder vollständig festgelegt ist, vor allem von dem Blickwinkel abhängt, aus dem heraus man diese Frage betrachtet.

E   Konsequenzen aus dem Nachweis der Reinkarnation

XVII   Zusammenfassung

Nun, da die Betrachtungen über die Reinkarnation in diesem Buch beendet sind, ist es vermutlich sinnvoll, die Beobachtungen, Argumentationen und Schlußfolgerungen sowie deren roten Faden und die Ergebnisse noch einmal zusammenzufassen.

XVII 1.   Der „rote Faden"

nicht-naturwissenschaftliche Phänomene

In einer Welt, in der die Naturwissenschaften die Grundlage des allgemeinen Weltbildes sind, ist die Reinkarnation zunächst einmal ein absurdes Konzept, da es keine materielle Substanz gibt, die die Kontinuität des Lebens eines verstorbenen Menschen mit dem Leben eines nach dessen Tod geborenen, anderen Menschen herstellen könnte.

Daher ist es zunächst einmal notwendig, nachzuweisen, daß es Zusammenhänge gibt, die nicht von den Naturwissenschaften erfaßt werden und die daher mit einem anderen Modell beschrieben werden müssen.

Dieser erste Schritt kann durch die Telepathie (einschließlich der Astralreise) oder der Telekinese (einschließlich des Feuerlaufs) erlebt werden oder durch das Deuten von Horoskopen erkannt werden.

1. Ergebnis: Es gibt Zusammenhänge und Ereignisse in unserer Welt, die nicht durch die Naturwissenschaften beschrieben werden.

Beschreibung dieser Phänomene

Der zweite Schritt ist, das Wesen dieser Phänomene, die sich nicht durch die Naturwissenschaften beschreiben lassen, näher zu bestimmen.

Die Telepathie (einschließlich der Astralreise) ist eine Ausweitung der Wahrnehmungsfähigkeit des Bewußtseins über den Körper hinaus. Die Telepathie läßt sich mit einer allgemeinen Analogie-Ordnung oder mithilfe einer „Lebenskraft" beschreiben.

Die Telekinese einschließlich des Feuerlaufs ist eine Ausweitung der Handlungsfähigkeit des Bewußtseins über den Körper hinaus. Die Telekinese läßt sich am besten mithilfe einer „Lebenskraft" beschreiben.

Die Astrologie zeigt, daß es neben der Kausal-Ordnung in der Welt auch noch eine umfassende Analogie-Ordnung gibt.

2. Ergebnis: Das Bewußtsein kann sich wahrnehmend und handelnd über den eigenen Körper hinaus ausdehnen.

3. Ergebnis: Die Welt wird nicht nur durch die kausale Ordnung, sondern auch durch eine analoge Ordnung geprägt. Es gibt wahrscheinlich auch eine „Lebenskraft".

Selbstähnlichkeit und symmetrische Entfaltung

Ein System, das sich aus einem Punkt heraus sowohl kausal als auch in einer Analogie-Struktur entfaltet, besteht aus Elementen, die allesamt „selbstähnlich" sind, d.h. von ihrem Wesen und Aufbau her einander gleichen. Der Vorgang dieser Entstehung kann „symmetrische Entfaltung" genannt werden.

Das Horoskop eines Menschen, eines Tieres oder einer Organisation beschreibt den Charakter, der in allen Teilen und Organen dieses Menschen, dieses Tieres oder dieser Organisation wiederzufinden ist.

Dasselbe Prinzip trifft auch für die Welt als ganzes zu – sonst könnte die Astrologie nicht funktionieren.

4. Ergebnis: die Analogie-Ordnung in der Welt führt zu einer symmetrischen Entfaltung von Systemen, deren Bestandteile dadurch selbstähnlich werden.

nicht-körpergebundene Erinnerung

Die Telepathie, die Familienaufstellungen und die Wirkungsweise der homöopathischen Heilmittel zeigen alle, daß es eine komplexe und weitreichende Form der Telepathie gibt, die man am anschaulichsten als „kollektive Erinnerung" bezeichnen kann. Dieses umfassende Gedächtnis bezieht sich nicht nur auf die Menschen, sondern schließt auch Tiere, Pflanzen und Mineralien mit ein.

5. Ergebnis: Die Vergangenheit ist allgemein zugänglich, d.h. es gibt ein „kollektives Gedächtnis", zu dem man auf recht einfache Weise Zugang erhalten kann.

Elfen, Zwerge und Tier-Muttergöttinnen

Die Experimente mit Pflanzen zeigen, daß auch Pflanzen auf Telepathie reagieren, d.h. daß sie ein Bewußtsein haben. Da in der Homöopathie die Wirkung eines Heilmittels nicht der Substanz, sondern der Geschichte eines Heilmittels entspricht, hat eine Pflanzenart sowohl eine Wahrnehmung als auch ein Gedächtnis, was kombiniert ein Bewußtsein ergibt. Dieses Bewußtsein einer Pflanzenart kann man den „Elf" dieser Pflanzenart nennen.

Daß auch Tiere ein Bewußtsein haben, ist offenkundig. Vermutlich gibt es analog zu den „Pflanzenelfen" auch einen „Tiergeist". Auf Traumreisen kann man diesem „Tiergeist" in der Form der Muttergöttin dieser Tierart begegnen. So ist z.B. die Muttergöttin der Wölfe eine „Große weiße Wölfin".

Das entsprechende Arten-Bewußtsein bei den Mineralien könnte man in Anlehnung an die hiesigen Mythen den Bernstein-Zwerg, den Bergkristall-Zwerg usw. nennen.

Diese mythologischen Namen sind naheliegende Bezeichnungen für das Gruppenbewußtsein einer Art von Tier, Pflanze oder Mineral, aber diese Namen bedeuten keineswegs, daß die Mineralien-Zwerge Zipfelmützen tragen und daß die Elfen hübsch und klein sind – dem widersprechen schon die Erlebnisse auf Traumreisen zu diesen Wesen.

Da es keinen prinzipiellen Unterschied zwischen Menschen, Tieren, Pflanzen und Mineralien gibt, da sie sich alle aus Atomen zusammensetzen und sich allmählich aus einem gemeinsamen Ursprung heraus ausdifferenziert haben, kann man davon ausgehen, daß alle Dinge ein Bewußtsein haben und daß dieses Bewußtsein nur verschieden „wach" oder differenziert ist.

6. Ergebnis: Es gibt Bewußtseinsformen, die nicht an ein einzelnes Lebewesen gebunden sind, sondern die das Bewußtsein einer Art sind.

7. Ergebnis: Alle Dinge haben ein Bewußtsein.

Erste Schlußfolgerungen

Die ersten sieben Ergebnisse aus diesen Betrachtungen sind:

1. Ergebnis: Es gibt Zusammenhänge und Ereignisse in unserer Welt, die nicht durch die Naturwissenschaften beschrieben werden.

2. Ergebnis: Das Bewußtsein kann sich wahrnehmend und handelnd über den eigenen Körper hinaus ausdehnen.

3. Ergebnis: Die Welt wird nicht nur durch die kausale Ordnung, sondern auch durch eine analoge Ordnung geprägt. Es gibt auch eine „Lebenskraft".

4. Ergebnis: die Analogie-Ordnung in der Welt führt zu einer symmetrischen Entfaltung von Systemen, deren Bestandteile dadurch selbstähnlich werden.

5. Ergebnis: Die Vergangenheit ist allgemein zugänglich, d.h. es gibt ein „kollektives Gedächtnis", zu dem man auf recht einfache Weise Zugang erhalten kann.

6. Ergebnis: Es gibt Bewußtseinsformen, die nicht an ein einzelnes Lebewesen gebunden sind, sondern die das Bewußtsein einer Art sind.

7. Ergebnis: Alle Dinge haben ein Bewußtsein.

Daraus ergeben sich die mehrere Schlußfolgerungen:

A) Es gibt in dieser Welt eine Kausal-Ordnung und eine Analogie-Ordnung, die gemeinsam dazu führen, daß sich Systeme symmetrisch entfalten und daß deren Bestandteile selbstähnlich sind. Diese Analogie-Ordnung ist mit einer „Lebenskraft" verbunden.

B) Wenn es eine „kollektive Erinnerung" gibt und wenn das Bewußtsein in der Lage ist, sich über den Körper, zu dem es gehört, wahrnehmend und handelnd auszudehnen, dann sollte diese „kollektive Erinnerung" zu einem „kollektiven Bewußtsein" gehören.

C) Dieses „kollektive Bewußtsein" ist in Bewußtseins-Einheiten unterteilt, die das Gesamtbewußtsein und die Gesamterinnerung einer Art enthalten.

Die Astrologie und das Hellsehen zeigen, daß die Zukunft bereits festliegt.

Das „Buch des Lebens" aller einzelnen Wesen muß in einem „Großen Buch des Lebens" koordiniert sein, da sich sonst die „Bücher des Lebens" der einzelnen Wesen ständig widersprechen würden.

<u>8. Ergebnis:</u> Das „kollektive Bewußtsein" enthält nicht nur das „kollektive Gedächtnis", sondern auch die gesamte Zukunft der Welt.

Tulkus

Die tibetischen Tulkus sind in der Lage, sich an ihr voriges Leben detailreich zu erinnern und ihr nächstes Leben vorherzusagen. Dies zeigt, daß es zumindestens möglich ist, das Bewußtsein zweier nacheinander lebender Menschen so gut wie vollständig miteinander zu verbinden.

Wenn man diese Fähigkeiten der Tulkus zusammen mit der „kollektiven Erinnerung" und der aus der Homöopathie bekannten „Arten-Erinnerung" betrachtet, dann erscheint diese „persönliche Reinkarnations-Erinnerung" als eine Differenzierung der „Arten-Erinnerung" der Menschheit.

<u>9. Ergebnis:</u> Die Reinkarnations-Erinnerung ist ein Einzel-Erinnerungsfaden in der „Arten-Erinnerung" der Menschheit, die wiederum ein Einzel-Erinnerungsfaden in der alles umfassenden „kollektiven Erinnerung" ist.

Die Seele

Die Astralreise zeigt, daß das Bewußtsein des Menschen auch außerhalb des Körpers existieren kann und daß es funktionsfähig bleibt, auch wenn der Körper klinisch tot ist. Dieses Erlebnis ließe sich auch durch eine komplexe Form der Telepathie erklären, die die Wahrnehmungen in das Bild des Verlassens des eigenen Körpers „übersetzt", aber da dieses Erlebnis derart weit verbreitet ist und über Jahrtausende hinweg gleich geblieben ist, scheint es sinnvoller zu sein, dieses Erlebnis als das zu nehmen, als das es erscheint: ein Verlassen des Körpers durch das Bewußtsein.

In der Kombination mit der Erinnerung an frühere Leben und dem Vorhersagen der nächsten Wiedergeburt durch die tibetischen Tulkus läßt sich aus der Astralreise recht sicher schließen, daß es einen „Faden" gibt, der mehrere Leben verbinden kann – nicht nur als Erinnerungsfaden, der durch die Tulkus nachgewiesen ist, sondern eben auch als „Bewußtseins-Faden".

Die Meditations-Erlebnisse, bei denen man der eigenen Seele begegnet, sowie den damit verbundenen veränderten Bewußtseinszuständen (Erfülltsein, Freude, Richtigkeit, Strahlen) kann man vor diesem Hintergrund nur noch als direkte Wahrnehmung der Seele, also des „roten Fadens", auf dem die einzelnen Inkarnationen aufgereiht sind, auffassen.

Genaugenommen ist man nicht im Jenseits eine „Seele" und im Diesseits ein „Körper", sondern man ist im Jenseits eine „Seele ohne Körper" und im Diesseits eine „Seele mit Körper".

10. Ergebnis: Es gibt ein Bewußtsein und eine Erinnerung, durch die mehrere nacheinander stattfindende Leben zu einer logischen Folge von Ereignissen in den Inkarnationen einer Seele verbunden werden.

Chakren und Kundalini

Zwischen der Seele und dem Körper gibt es einen „Bereich der Lebenskraft", der in die Organe der Chakren und in den Kreislauf der Kundalini gegliedert ist.

Die schrittweise Differenzierung des umfassenden „kollektiven Bewußtseins" in Untereinheiten findet sich offenbar auch zwischen der Seele und dem Körper. Dieser Zwischenbereich entspricht der Psyche. Dies wird dadurch bestätigt, daß die Chakren eng mit Gefühlen, Ansichten, Erinnerungen und den Bewußtseinszuständen verbunden sind.

Der Lebenskraftkörper ist vermutlich weitgehend mit dem Astralkörper und der Psyche identisch. Dieser Lebenskraftkörper ist anscheinend auch die „Wohnung" des Bewußtseins, der Erinnerungen und der Wahrnehmung.

11. Ergebnis: Die Psyche befindet sich in dem Lebenskraftkörper, dessen Organe die Chakren und dessen Kreislauf die Kundalini ist.

Karma

Das Karma ist zunächst einmal die Erinnerung an das Ende des letzten Lebens – an dieser Stelle fährt man im nächsten Leben durch die Neu-Inszenierung all dessen fort, was noch „emotional aufgeladen" ist, d.h. das noch nicht frei fließen kann – das, was man in der Psychologie die „Traumas" nennen würde.

Im Detail ist es schwierig zu sagen, was die genauen Regeln sind, nach denen sich das Karma organisiert, aber es besteht auf jeden Fall nicht nur aus Problemen, sondern auch aus Freundschaften, Fähigkeiten, Entschlüssen und vermutlich auch aus solchen Dingen wie Neugier und einfach auch Lebensfreude.

Es ist sehr unwahrscheinlich, daß Karma auf dem Prinzip der Bestrafung beruht – Bestrafung ist ein ausgesprochen menschliches Konzept; in der Natur finden sich stattdessen einfach die Folgen des Handelns, die sich aufgrund der Naturgesetze ergeben.

Strafe dient der Disziplinierung – Folgen führen zu dem Kennenlernen der Welt.

12. Ergebnis: Das Karma ist die Kontinuität aller Impulse aus dem Leben eines Menschen, die noch nicht zu einer Lösung oder Erfüllung gefunden haben – oder die für diesen Menschen weiterhin bereichernd sind.

Jenseitsweg

Die Folge der drei Bereiche auf dem Jenseitsweg hat eine plausible Logik:

    1. Ankunft und Begrüßung an der Jenseitsgrenze;
    2. Betrachtung des vergangenen Lebens in der „Zone der Verwandlung";
    3. Aufnahme in den Kreis der bisherigen Inkarnationen an dem „kreisförmigen Ort".

Der Weg zu einer neuen Inkarnation hat die umgekehrte Folge:

    1. Entschluß zu einer neuen Inkarnation an dem „kreisförmigen Ort";
    2. die Ausformung des zukünftigen Lebens in der „Zone der Verwandlung";
    3. das Warten auf die Zeugung an der Jenseitsgrenze.

13. Ergebnis: Der Weg in das Jenseits nach dem Tod und der Weg aus dem Jenseits zu einer neuen Zeugung sind derselbe dreistufige Weg – nur in entgegengesetzten Richtungen.

Meditation

In der Meditation nimmt man den Kontakt zu den übergeordneten Bereichen, d.h. zu den größeren Bewußtseinseinheiten auf, indem man sein Wachbewußtsein ruhig und rhythmisch werden läßt und es dadurch zunächst mit der Bilderwelt des Traumbewußtseins und dann mit dem Seelenbewußtsein des Tiefschlafs in Einklang bringt.

14. Ergebnis: Das Wachbewußtsein hat durch die Meditation die Möglichkeit, sich auf die übergeordneten Bewußtseinseinheiten auszuweiten und sie wahrzunehmen. Daher hat das Wachbewußtsein auch die Möglichkeit, sich an frühere Leben zu erinnern und zukünftige Leben vorauszusehen.

Determiniertheit und Freiheit

Jede Bewußtseinseinheit ist bezüglich der ihr übergeordneten Einheit, von der sie ein Teil ist, unfrei, d.h. vollständig durch sie festgelegt. Bezüglich der ihr gleichgestellten Einheiten ist sie frei und kann mit ihnen kooperieren. Bezüglich der ihr untergeordneten Einheiten ist sie bestimmend.
Die Seele ist z.B. in ihrem Verhältnis zu anderen Seelen frei, sie wird von einer Gottheit geprägt und sie selber prägt wiederum die Psyche.

15. Ergebnis: Die Psyche ist in Bezug auf ihren Körper bestimmend, in Bezug zu den Psychen anderer Menschen frei und in Bezug auf die Seele, die sie erschaffen hat, vollständig von dieser bestimmt.

Zweite Schlußfolgerungen

Die drei Schlußfolgerungen aus den ersten sieben Ergebnissen lauteten:

A) Es gibt in dieser Welt eine Kausal-Ordnung und eine Analogie-Ordnung, die gemeinsam dazu führen, daß sich Systeme symmetrisch entfalten und daß deren Bestandteile selbstähnlich sind. Diese Analogie-Ordnung ist mit einer „Lebenskraft" verbunden.

B) Wenn es eine „kollektive Erinnerung" gibt und wenn das Bewußtsein in der Lage ist, sich über den Körper, zu dem es gehört, wahrnehmend und

147

handelnd auszudehnen, dann sollte diese „kollektive Erinnerung" zu einem „kollektiven Bewußtsein" gehören.

C) Dieses „kollektive Bewußtsein" ist in Bewußtseins-Einheiten unterteilt, die das Gesamtbewußtsein und die Gesamterinnerung einer Art enthalten.

Zu ihnen kommen nun acht weitere Ergebnisse hinzu:

8. Ergebnis: Das „kollektive Bewußtsein" enthält nicht nur das „kollektive Gedächtnis", sondern auch die gesamte Zukunft der Welt.

9. Ergebnis: Die Reinkarnations-Erinnerung ist ein Einzel-Erinnerungsfaden in der „Arten-Erinnerung" der Menschheit, die wiederum ein Einzel-Erinnerungsfaden in der alles umfassenden „kollektiven Erinnerung" ist.

10. Ergebnis: Es gibt ein Bewußtsein und eine Erinnerung, durch die mehrere nacheinander stattfindende Leben zu einer logischen Folge von Ereignissen in der Reinkarnation einer Seele verbunden werden.

11. Ergebnis: Die Psyche befindet sich in dem Lebenskraftkörper, dessen Organe die Chakren und dessen Kreislauf die Kundalini ist.

12. Ergebnis: Das Karma ist die Kontinuität aller Impulse aus dem Leben eines Menschen, die noch nicht zu einer Lösung oder Erfüllung gefunden haben – oder die für diesen Menschen weiterhin bereichernd sind.

13. Ergebnis: Der Weg in das Jenseits nach dem Tod und der Weg aus dem Jenseits zu einer neuen Zeugung sind derselbe dreistufige Weg – nur in entgegengesetzten Richtungen.

14. Ergebnis: Das Wachbewußtsein hat durch die Meditation die Möglichkeit, sich auf die übergeordneten Bewußtseinseinheiten auszuweiten und sie wahrzunehmen. Daher hat das Wachbewußtsein auch die Möglichkeit, sich an frühere Leben zu erinnern und zukünftige Leben vorauszusehen.

15. Ergebnis: Die Psyche ist in Bezug auf ihren Körper bestimmend, in Bezug zu den Psychen anderer Menschen frei und in Bezug auf die Seele, die sie erschaffen hat, vollständig von dieser bestimmt.

Die drei Schlußfolgerungen lassen sich nun durch die oben aufgeführten acht weiteren Ergebnisse ergänzen:

A) Es gibt in dieser Welt eine Kausal-Ordnung und eine Analogie-Ordnung, die gemeinsam dazu führen, daß sich Systeme symmetrisch entfalten und daß deren Bestandteile selbstähnlich sind. Diese Analogie-Ordnung ist mit einer „Lebenskraft" verbunden.

B) Wenn es eine „kollektive Erinnerung" gibt und wenn das Bewußtsein in der Lage ist, sich über den Körper, zu dem es gehört, wahrnehmend und handelnd auszudehnen, dann sollte diese „kollektive Erinnerung" zu einem „kollektiven Bewußtsein" gehören.

C) Dieses „kollektive Bewußtsein" ist in Bewußtseins-Einheiten unterteilt, die das Gesamtbewußtsein und die Gesamterinnerung einer Art enthalten. Die „Arten-Erinnerung" ist wiederum in „individuelle Erinnerungen" gegliedert – eben die Reinkarnation-Erinnerung. Die einzelnen Leben sind durch die Erlebnisse und Impulse, die noch nicht zu einer Lösung oder Erfüllung gefunden haben oder die für diesen Menschen weiterhin bereichernd sind, miteinander verbunden.

D) Das „kollektive Bewußtsein" erstreckt sich über die gesamte Zeit, es reicht also von der Vergangenheit über die Gegenwart bis in die Zukunft hinein. Es liegt daher der Verdacht nahe, daß die Zeit und das „kollektive Bewußtsein" (Gott) mehr oder weniger identisch miteinander sind.

E) Die Psyche befindet sich in dem Lebenskraftkörper, dessen Organe die Chakren und dessen Kreislauf die Kundalini ist. Die Psyche ist in Bezug auf ihren Körper bestimmend, in Bezug zu den Psychen anderer Menschen frei und in Bezug auf die Seele, die sie erschaffen hat, vollständig von dieser bestimmt.

F) Der Weg in das Jenseits nach dem Tod und der Weg aus dem Jenseits zu einer neuen Zeugung sind derselbe dreistufige Weg – nur in entgegengesetzten Richtungen.

XVII Ergebnisse

Alle Teile der Welt sind von Bewußtsein erfüllt. Das kollektive, alle Dinge umfassende Bewußtsein, das von der Vergangenheit über die Gegenwart bis in die Zukunft reicht, ist in Untereinheiten wie z.B. die Bewußtsein der verschiedenen Arten gegliedert und diese wiederum in individuelle „Bewußtseins-Fäden": die Reinkarnations-Erinnerung.

Die Reinkarnation ist somit ein Spezialfall der allgemeinen Struktur und Selbstorganisation des Bewußseins.

XVIII   Die Nutzung der Strukturen und Dynamiken

Spätestens am Ende einer solchen Betrachtung stellt sich immer die Frage: „Wozu sind diese Erkenntnisse gut?"

XVIII 1.   Jenseitsweg und Meditation

Die Meditation hat sich aus den Jenseitsreisen der Schamanen entwickelt. In den Meditationen wird daher der Jenseitsweg als „Landkarte" benutzt.

Die Erkenntnisse über die Reinkarnation können für das Vorgehen bei Meditationen benutzt werden. So kann man z.B. zu dem „runden Ort" reisen, um etwas über die Absicht der eigenen Seele für das eigene derzeitige Leben zu erfahren. Man kann auch die „Zone der Verwandlungen" erforschen, um besser zu verstehen, wie Karma funktioniert.

Der wichtigste Nutzen ist sicherlich die Möglichkeit, generell einen besseren Kontakt zu der eigenen Seele herzustellen. Wenn man die eigene Quelle kennt, wird es einfacher, das eigene Leben fließen zu lassen …

XVIII 2.   Heilung

Die Reinkarnations-Therapie, aber zum Teil auch andere Heilungsansätze können effektiver werden, wenn man manche Entwicklungen in einem längeren Bogen betrachten kann, der sich über mehr als ein Leben erstreckt.

Wenn man von der Reinkarnation ausgeht, erscheinen Krankheiten und Schwierigkeiten im Leben auch unter einem anderen Aspekt: Die Ursprünge der Probleme liegen evtl. schon weit zurück, man kann den Folgen dieser Ursachen nicht entkommen, und es gibt keinen Ausweg aus dem Leben, weil man wiedergeboren wird.

Diese drei Dinge ermöglichen es, das eigene Hier und Jetzt in einem weiteren Zusammenhang zu betrachten und längere Entwicklungsbögen zu verstehen. Das könnte wiederum zu mehr Zielstrebigkeit und auch zu mehr Gelassenheit führen – was beides für die Lebensqualität recht förderlich ist.

XVIII 3.   Entwicklung

Der verbesserte Kontakt zur eigenen Seele kann zu einer größeren Eigenständigkeit, zu mehr Selbstsicherheit und zu einer mutigeren Aufrichtigkeit führen – was ebenfalls alles die Qualität des Lebens erhöhen wird.

Die Gewißheit „wiederzukommen", könnte auch die Angst vor dem Tod verringern, was schon in sich ein großer Gewinn wäre.

XVIII 4.   Erkenntnisse

Aus der Persepektive der Ergebnisse der Betrachtungen in diesem Buch erscheinen viele der im Leben wesentlichen Dinge in einem etwas veränderten Licht:

Die Seele ist die eigene Quelle, die eigene Wahrheit und der Sinn des eigenen Lebens.

Die Seele ist die Selbstliebe, die wiederum die Quelle jeglicher Liebe im eigenen Leben ist.

Die Psyche ist bezüglich des eigenen Körpers bestimmend, bezüglich der Psychen anderer Menschen frei und bezüglich der eigenen Seele vollkommen bestimmt.

In Bezug auf die eigene Psyche und das eigene Leben ist die eigene Seele allmächtig. Daher kann man sich nicht erfolgreich gegen die eigene Seele auflehnen – aber man kann ihr vollkommen vertrauen.
Trotzdem hat man die Verantwortung für die Gestaltung des eigenen Lebens: Die Seele als der „Unternehmer" bestimmt die Ziele und den Ablauf – die Psyche als der „Geschäftsführer" bestimmt die Art der Durchführung.

Die Dinge sind so beständig und so veränderlich, wie es die eigene Seele für dieses Leben beschlossen hat. Diese Beständigkeit oder Veränderlichkeit sagt nichts über die Intensität oder die Wichtigkeit eines Erlebnisses oder einer Begegnung aus.

Es ist möglich, daß man sich mit einem Menschen, mit einer Sache, mit einem bestimmten Wissen und allerlei anderem „verabredet" hat.

Wenn man im Hier und jetzt ist, erlebt man das eigene Leben am intensivsten – und diese Erfahrung ist ganau das, wegen dem sich die Seele überhaupt inkarniert hat.

XVIII 5.   Die Hymne an sich selber

Es ist hilfreich, wenn man den eigenen Erkenntnissen über sich selber eine Gestalt gibt, also auch den Erkenntnissen über die eigene Seele, die Folge der eigenen Inkarnationen usw. – wenn man sie malt, sie aufschreibt, eine Musik dazu komponiert, sie tanzt, eine Skulptur dazu formt oder ähnliches.

Durch diese künstlerische Form wird das eigene Wesen deutlicher und faßbarer – was stets gut tut.

Eine sehr einfache Möglichkeit ist das Aufschreiben aller Erkenntnisse über sich selber in der Form einer Liste. Zu diesen Dingen zählt alles, wovon man sagen kann, daß es stimmt – egal, ob es wichtig oder nebensächlich erscheint. Zunächst kann man dafür einfach einmal alles sammeln, was einem einfällt und diese Liste im Laufe der Zeit dann immer wieder einmal ergänzen und die einzelnen Elemente in ihr umsortieren.

Auf diese einfache Weise entsteht eine Selbstbeschreibung, die den Charakter einer Hymne an sich selber hat.

Es kommt dabei nicht darauf an, daß die Aussagen über sich selber wichtig, gut, großartig oder weltverbessernd sind, sondern einfach nur, daß man weiß, daß sie wahr sind. Ich verstehe mich z.B. immer wieder gut mit Eichhörnchen, was jedoch keinerlei erkennbaren Auswirkungen auf irgendetwas hat – aber es ist ein Teil meines Lebens, den ich nicht missen möchte und der zu mir gehört.

Diese spezielle Art der Hymne läßt sich vermutlich am einfachsten durch ein Beispiel veranschaulichen:

Ich bin ein Mensch.
Meine Seele leuchtet golden in meinem Herzen.
In mir lebt eine Wölfin.
In mit lebt ein Thuja.
In mit lebt ein Bergkristall.
Ich bin ein Dichter.
Ich bin ein Harfner.
Ich bin ein Tänzer.
Ich bin ein Wanderer.
Ich bin ein Forscher.

Ich ergründe die Welt.
Ich bin aufrichtig.
Ich bin zeitlos.
Ich folge der Schönheit.
Ich bin ein treuer Freund.
Ich habe Wurzeln in Ägypten.
Ich bin ein Freund der Eichhörnchen.
... ...
... ...
... ...

Wenn man einmal damit begonnen hat, eine solche Hymne zu schreiben, wird sie sehr bald anwachsen und es werden immer mehr Details deutlich werden, die ein in sich schlüssiges Bild ergeben, denn auch diese „Hymne an sich selber" ist letztlich wie das Horoskop und wie die drei Verbündeten ein Selbstbild – und egal, in welchen Spiegel man schaut, wird man immer denselben Menschen sehen ...

Da man bei dem Schreiben dieser Hymne alle Dinge sammelt, derer man sich gewiß ist, führt diese Hymne auch zu Selbsterkenntnis, Selbstbejahung und Selbstliebe – was der eigentliche Wert dieser Hymne ist.

XVIII 6. Ergebnisse

Die Erkenntnisse über die Reinkarnation können für ein erfüllteres Leben genutzt werden, das dadurch entsteht, daß die Psyche einen engeren Kontakt zur Seele erlangt.

Die Art der Nutzung dieser Erkenntnisse wird jedoch recht individuell sein.

XIX   Schlußfolgerungen

Wie sollte man leben, nachdem man all diese Dinge betrachtet, durchdacht, geprüft und evtl. für richtig befunden hat?

Das muß jeder für sich selber herausfinden …

XIX 1.   Das Hier und Jetzt

Es gibt noch ein wichtiges Element in dieser Betrachtung: die Gegenwart. Es ist möglich, sich an die Vergangenheit und auch an die Zukunft zu „erinnern" und den langen Entwicklungsbogen in den eigenen Leben zu sehen, aber der Körper und in der Regel auch das Bewußtsein sind fest in der Gegenwart verankert.

Das bedeutet, das sich das Leben im Hier und Jetzt abspielt – auch wenn sich das Bewußtsein auf die Vergangenheit und auf die Zukunft ausdehnen kann.

Wenn das Leben bereits festliegt wie ein fertig geschriebenes Buch und wenn das Bewußtsein in diesem Buch auch weiter nach hinten oder nach vorne blättern kann, so ist das Erleben doch fest an die Gegenwart gebunden. Dieses Erleben ist das, was die Seele dazu bewegt hat, ihr nächstes Leben nicht nur zu planen, sondern sich auch tatsächlich zu inkarnieren, um es zu erleben.

Dadurch, daß man sich fest im Hier und Jetzt verankert, kooperiert man auf die bestmögliche Weise mit der eigenen Seele.

Die Seele will erleben und das kann sie nur im Hier und Jetzt – und sie will auch nirgendwoanders sein, da sie ja alle Details dieses Lebens selber ausgewählt hat und daher schon kennt.

Daraus ergibt sich nebenbei auch:

Die Seele ist im Hier und Jetzt.

Das Erforschen der Vergangenheit und der Zukunft sind Hilfsfunktionen, die der Psyche zu Verfügung stehen und die es ihr ermöglichen, sich selber besser zu verstehen und daher auch offener für die Gegenwart zu sein.

Auch das Heilen von Traumas, das Erkennen der eigenen drei Verbündeten und das Deuten des eigenen Horoskopes sind letztlich nur Hilfsmittel bei dem Bestreben, wirklich ganz im Hier und Jetzt anzukommen.

Dieses Bestreben entspricht ganz dem Wunsch der Seele nach Erfahrungen – was sich unter anderem auch darin zeigt, daß das Leben im Hier und Jetzt dazu führt, daß die Seele in das eigene Leben und in die eigenen Handlungen hinein zu strahlen beginnt. Das Leben wird dann in zunehmendem Maße von einer „grundlosen Freude"

155

erfüllt …

Die sinnvolle Haltung: Sich aus dem Bewußtsein über das Ganze heraus in das Hier und Jetzt hinein entspannen.

XIX 2.   Und nun …

Auch wenn ich alles in diesem Buch so aufrichtig und so sorgfältig betrachtet und formuliert und aufgeschrieben habe, wie es mir möglich ist, und keine leichtfertigen Schlußfolgerungen gezogen habe, sind diese Darstellungen natürlich trotzdem keineswegs vor Irrtümern sicher.

Deshalb sollte man schauen, ob das Verhalten, das sich aus der hier dargestellten Beschreibung der Welt ergibt, zu erwünschten Ergebnissen führt … dann wird das Modell vermutlich einigermaßen zutreffend und sinnvoll sein.

Und ansonsten: Wir können nur im Hier und Jetzt leben – und dann schauen, was nach dem Tod kommt. Und dann mit dem, was dann sein wird, auf eine möglichst gute Weise umgehen.

Aber jetzt ist es auf jeden Fall das Beste, aus ganzem Herzen im Hier und Jetzt zu leben …